知识产权
基础与实务

主　编◎吴　红

副主编◎魏绪秋　董　坤

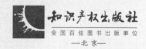

知识产权出版社
全国百佳图书出版单位
—北京—

图书在版编目（CIP）数据

知识产权基础与实务/吴红主编；魏绪秋，董坤副主编. —北京：知识产权出版社，2023.11
ISBN 978 - 7 - 5130 - 8956 - 2

Ⅰ.①知…　Ⅱ.①吴…②魏…③董…　Ⅲ.①知识产权法—中国—高等学校—教材
Ⅳ.①D923.4

中国国家版本馆 CIP 数据核字（2023）第 195689 号

内容提要

本书是以现行《专利法》《著作权法》《商标法》为编写依据，以培养知识产权专业的应用型人才为目标而撰写的高等教材。全书共分四编，第一编概述知识产权理论与实务；第二编在阐述专利及专利法基础知识的基础上，侧重介绍专利申请文件撰写、专利申请及审批流程、专利申请要务、专利权的实施与法律保护、专利文献与检索等内容；第三编以著作权法律关系为中心，重点阐述著作权法律关系的要素、作品特征、著作权的取得与限制等内容；第四编在阐述商标基础知识的基础上，侧重介绍商标注册、续展、终止以及商标正确使用等实务内容。

本书不仅适合高等学校知识产权专业或法学专业本专科学生或研究生使用，也适合作为法律硕士、工程硕士和 MBA 等各类专业硕士课程的教材以及政府机构、企事业单位等各类知识产权人才培训的教材。

责任编辑：尹　娟　　　　　　　　　　　　责任印制：刘译文

知识产权基础与实务

ZHISHI CHANQUAN JICHU YU SHIWU

吴　红　主编

魏绪秋　董　坤　副主编

出版发行：知识产权出版社有限责任公司	网　　址：http://www.ipph.cn
电　话：010 - 82004826	http://www.laichushu.com
社　　址：北京市海淀区气象路 50 号院	邮　　编：100081
责编电话：010 - 82000860 转 8702	责编邮箱：yinjuan@ cnipr.com
发行电话：010 - 82000860 转 8101	发行传真：010 - 82000893
印　　刷：三河市国英印务有限公司	经　　销：新华书店、各大网上书店及相关专业书店
开　　本：787mm×1092mm　1/16	印　　张：16.75
版　　次：2023 年 11 月第 1 版	印　　次：2023 年 11 月第 1 次印刷
字　　数：318 千字	定　　价：68.00 元

ISBN 978 - 7 - 5130 - 8956 - 2

前　言

　　良好的知识产权素养是知识经济社会必备的"通行证"。我国继《国家知识产权战略纲要》提出"在高等学校开设知识产权相关课程，将知识产权教育纳入高校学生素质教育体系"之后，《知识产权强国建设纲要（2021—2035 年）》进一步明确："完善知识产权人才培养""建设制度完善、保护严格、运行高效、服务便捷、文化自觉、开放共赢的知识产权强国，为建设创新型国家和社会主义现代化强国提供坚实保障"。知识产权强国建设需要大批法律性与专业性结合、创新性与实务性兼备的复合型人才。高等院校学生作为理论与实践相结合的创新型人才，是创造、保护和应用知识产权的主要力量，其知识产权素养如何，将直接关系到强国建设的顺利实施与和谐社会的构建，加大知识产权素质教育力度已成为高等院校教育的当务之急。

　　知识产权作为一门横跨自然科学和社会科学的学科，具有明显的综合性和学科交叉性，不仅涉及多项法律、法规，还涉及知识产权获取、管理、运用等众多实务。由于不同知识产权的权利特征、取得方式、保护范围等大相径庭，不同专业的硕士研究生与知识模块的关联度不同，知识产权教育内容因而表现为既有通识、又有取舍和侧重的特点。此外，不同于其他课程基础知识的稳定性，知识产权相关法律内容会紧随社会发展变化进行适应性修改。如现行专利法于 2020 年 10 月 17 日进行了第四次修正，著作权法于 2020 年 11 月 11 日进行了第三次修正，商标法于 2019 年 4 月 23 日进行了第四次修正。这就要求无论是教学内容还是实践内容，都要根据相关法律与时俱进。

　　目前，高等院校知识产权教育已引起了社会的广泛关注，已有众多高等院校开展了积极的探索和创新，但就教材而言实务内容仍显单薄。基于上述背景，山东理工大学信息管理研究院、山东理工大学知识产权信息服务中心骨干教师编写了本教材。教材总共分为 4 编，分别是知识产权导论、专利法基础与实务、著作权法基础与实务、商标法基础与实务。教材特点主要体现为：（1）强调学以致用，将理论知识情景化，通过系统讲授课程内容，并配合以案例和实务实践，将知识产权的法律属性与硕士研究生知识运用能力紧密融合。（2）与时俱进，增加了非正常专利申请的本质及表现情形、开放式许可等知识模块，教材内容更加契合社会发展。（3）突出了常见要务和实务内容，更加注重应用能力的培养。

本教材由吴红任主编，魏绪秋和董坤任副主编，主编和副主编负责全书的统稿与定稿。编写全书的具体分工如下：

吴红：第一编知识产权导论，第二编专利法基础与实务；

魏绪秋：第三编著作权法基础与实务；

董坤：第四编商标法基础与实务。

由于编者学识所限，书中不当之处在所难免，希望专家学者、前辈同行和广大读者朋友批评指正。同时也欢迎同行与编者交流，索取与本书教学相关的配套资料，请采用如下联系方式，E – mail：wuhong0256@163.com；QQ：2499459946。

吴　红

2023 年 6 月

目录 Contents

第一编 知识产权导论

本编概述

　　知识产权是人们对其创造性智力劳动成果和工商业标记依法享有的权利总称，属于民事财产权利；知识产权法是调整知识产权的归属、行使、管理和保护等法律规范的总称；知识产权实务是指与知识产权的取得、运用、保护、管理和服务相关的实际工作和过程。学习、掌握知识产权基础知识及工作机理，提高知识产权应用能力，有效解决学习、工作中的实际问题，是本课程学习的目的。

教学要点

具体包括：知识产权的概念、性质及特征，知识产权法的概念和社会功能，知识产权法的演进过程，与知识产权有关的国际公约以及知识产权实务。

中兴之痛

中兴通讯是我国一家电信设备、网络系统、移动终端等通信设备制造商。截至 2018 年，中国通讯产业在芯片与集成电路等领域还没拥有完全知识产权的核心产品，所以中兴通讯有 25% ~30% 的零部件需要从美国、欧洲进口，尤其是最为核心的零部件均来自美国供应商。2018 年 4 月 16 日美国商务部发布公告称，美国政府在未来 7 年内禁止中兴通讯向美国企业购买敏感产品。2019 年，中兴通讯宣布 2018 年净亏损 67.2 亿元人民币，主要原因是遭遇美国禁售。《人民日报》评"中兴事件"：切肤之痛激发理性自强。在关键领域、"卡脖子"处下大功夫，是为了用现在的短痛换取长远的主动权。

第一节　知识产权概述

一、知识产权的概念

"知识产权"系外来语，英文"Intellectual Property"，德文"Geistiges Eigentum"，意指"智慧财产权"或者"智力财产权"。"知识产权"作为法律用语，最早出现于我国 1986 年颁布的《中华人民共和国民法通则》（以下简称《民法通则》）中，意指基于创造性智力成果和工商业标记依法产生的权利的统称。我国台湾地区将"Intellectual Property"译为"智慧财产权"。

关于知识产权概念，有三种定义方法：

（1）列举知识产权主要组成：传统上的知识产权包括专利权、商标权和著作权。

（2）下定义：知识产权是人们就其智力活动创造的成果和经营管理活动中的标记、信誉，依法享有的直接支配和获取利益的权利。

（3）完全列举知识产权保护对象，如世界知识产权组织（WIPO）在《建立世界知识产权组织公约》第 2 条中列出的权利：

① 与文学、艺术及科学作品有关的权利；

② 与表演艺术家的表演、录音和广播有关的权利；

③ 与人类一切活动领域内的发明有关的权利；

④ 与科学发现有关的权利；

⑤ 与工业品外观设计有关的权利；

⑥ 与商标、服务标记、商号及其他商业标记有关的权利；

⑦ 与防止不正当竞争有关的权利；

⑧ 在工业、科学、文学或艺术领域一切来自智力创作活动所产生的权利。

二、知识产权的性质与特征

（一）知识产权的性质

知识产权是一种有别于财产所有权的无形财产权，是一种私权。权利客体的非物质性是知识产权区别于物权（动产、不动产所有权）的本质特性，权利客体不发生有形控制的占有，不发生有形损耗的使用，也不发生消灭的事实处分与有形交付的法律处分。

（二）知识产权的基本特征

相对于物权，知识产权的基本特征概括为无形性、专有性、地域性和时间性。

1. 知识产权的无形性

知识产权的无形性，是相对于动产、不动产等有形物而言的，指作为知识产权客体的知识产品，无论是智力创造成果还是工商业标记均具有无形性，不占据一定的空间。知识产品的无形性决定了权利人不发生对客体的实体占有控制、实体损耗的使用、实体形态的事实处分及实物交付的法律处分。

相对于知识产权的无形性，物权的客体是有体物，物权人可以通过对客体的实际占有，实现排他支配。

2. 知识产权的专有性

知识产权的专有性表现为在一定时间内的排他权，也称为垄断权或独占权。主要表现为：（1）知识产权为权利人所独占，权利人享有的这种专有权受法律保护。没有法律规定或未经权利人许可，任何单位或个人都不得使用权利人的知识产品。（2）对同一项知识产品，不允许有两个或两个以上同一属性的知识产权并存。以专利为例，如果一项发明创造的专利权授予了甲，就不能再将同样发明创造的专利权授予乙，即不允许有两项发明创造内容相同的专利权存在。

知识产权与物权在专有性效力方面的区别表现为：第一，物权的排他性表现为所有人排斥他人对其所有物进行不法侵占、妨害或毁损；知识产权的排他性主要表现为排斥他人对知识产品进行不法仿制、假冒或剽窃。第二，物权的独占性是绝对的，所有人可以通过实物的占有行使对物的权利，且无地域和时间限制；知识产权的独占性是相对的，这种权利往往受到一些法定限制（如著作权中的合理使用、专利权中不视为侵权的使用、商标权中的先用权人使用等），且知识产权的独占性只在一定地域和有效期内才发生效力。

3. 知识产权的地域性

知识产权的地域性是指知识产权只在授予或确认其权利的国家和地区内发生法律效力，受到法律保护。由于各国法律对知识产权的确认和保护不尽相同，如保护对象、保护手段、保护期限、权利限制等，且法律没有域外效力，所以任何国内法律的适用范围都要受到地域限制，知识产权也同样受到地域限制。

随着时代的发展，知识产权的地域性已经受到挑战，尤其是随着科学技术和国际贸易的发展，知识产权的国际贸易也发展起来，知识产品的国际需求和知识产权的地域限制之间出现了巨大矛盾。为解决这一矛盾，各国先后签订了一系列保护知识产权的国际条约，使在公约缔约国范围内的知识产权具备了通用性。但是，国际公约缔结只是使知识产权的域外效力成为可能，是否受保护以及如何保护仍由各国的国内法来规定，而且目前只是有限区域建立了共同知识产权制度，知识产权的地域性并未因此而改变。

4. 知识产权的时间性

众所周知，物权不受时间限制，只要客体物存在，权利即受到法律保护。知识产权的时间性是指知识产权只在法律规定的期限内受到法律保护，一旦超过法律规定的有效期限，该权利就自行消灭，相关知识产品即成为整个社会的共同财富，为全人类所共同使用。当然有些知识产权在事实上可以永续使用，如注册商标专用权，只要商标权人一直续展注册，就可以一直享有该商标专用权。但是，如果法定期限届满而权利人不续展注册，商标专用权便会丧失。

知识产权在时间上的限制，是世界各国知识产权立法以及知识产权国际公约普遍采取的原则，其目的是促进科学文化艺术的发展：既要保护智力成果完成人的权利，以调动人们创造智力成果的积极性，也要考虑到社会公众的利益，为社会公众合理利用知识产品提供保障。

第二节　知识产权法概述

一、知识产权法的概念

知识产权法是调整创造、运用、保护和管理知识产权的过程中所产生的各种社会关系的法律规范的总称。

知识产权法主要调整四方面法律关系：

（1）知识产权归属，主要是指知识产品的创造者和知识产权权利主体之间的关系。例如，我国专利法规定职务发明创造的专利申请权归属有法人资质的单位。

（2）知识产权利用，主要包括知识产权的转让、许可使用、继承等。

（3）知识产权保护，主要是指知识产权人和侵权行为人之间的关系。法律规定对知识产权的直接和间接侵权行为进行制裁，对被侵权人依法予以救济。

（4）知识产权管理，主要是指知识产权行政管理机关和知识产品创造人、知识产权权利主体、知识产品使用者之间的关系。以专利为例，主要涉及专利申请、审查、审批、复审和专利权的无效宣告等。

二、知识产权法的演进

知识产权法在世界史上的演进大致划分为三个阶段。

（一）萌芽阶段

在该阶段中，没有成熟的知识产权法，"特许"是其显著的特点。

1. 在版权方面

在知识产权法的萌芽阶段，不存在现代意义的著作权法，受到保护的是出版商们的出版权、复制权等财产权利，而不是作者的利益。

2. 在专利方面

表现为"特许性"。1236 年，英王以特许方式授予一位市民享有 15 年制作羊毛布的垄断权，该特权以"公开文书（LETTERS PATENT）"的形式进行。1474 年威尼斯王国制定了世界上第一部专利法《发明保护法》，但由于过于简单且当时的社会经济基础过于落后，该《发明保护法》的影响不是很大。我国兼顾公开和垄断含义的专利制度的确立，比欧洲国家晚了数个世纪。

3. 在商标方面

在世界史中，自给自足的自然经济时期不存在商标，一些物品上的铭文标记只是用来表明私权归属或者起装饰作用。如在我国，人们从北周时期的出土文物中发现署名"郭彦"的陶器。又如，在行会盛行的 13 世纪的欧洲，为保证行会的对外垄断，官府许可行会使用一定的标记。虽然这种标记在客观上起着同类商品的区别作用，也具有促进行会对产品质量的自我监督作用，但与现代商标仍有较大距离。

（二）法制阶段

在该阶段中，立法者们已经意识到法律保护的主体首先是直接从事创造性智力活动的人，其特点是以法律的制定来规范知识产权的保护，以"特许"方式保护知识产权的现象逐渐退出历史舞台。

1. 在著作权方面

1709 年，英国颁布并实施了保护作者权益的《安娜女王法》。18 世纪，各国有关著作权的立法纷纷出现。我国第一部《中华人民共和国著作权法》（以下简称《著作权法》）于 1990 年通过、1991 年颁行，后历经三次修改，最新《著作权法》于 2021 年 6 月 1 日起施行。

2. 在专利法方面

对现代专利法影响巨大的是 1624 年颁布的英国《垄断法》，它被誉为世界专利发展史上极为重要的里程碑。该法颁布后，法国、美国、俄国等国家纷纷仿效，先后确立了本国的专利法。我国第一部《中华人民共和国专利法》（以下简称《专利法》）于 1984 年通过、1985 年开始实施，后历经四次修改，最新《专利法》于 2021

年 6 月 1 日起施行。

3. 在商标法方面

伴随着商品经济的发展，对商标的使用愈来愈多，同时伪造、仿制他人商标的情况愈演愈烈。1804 年《法国民法典》首次肯定商标作为无形财产受法律保护。继法国之后，英国、意大利、美国、日本等国亦制定了自己的商标法。我国第一部《中华人民共和国商标法》（以下简称《商标法》）于 1982 年通过、1985 年开始实施，后历经四次修改，最新的《商标法》于 2019 年 11 月 1 日起施行。

（三）国际化保护阶段

知识产权国际保护是现代知识产权制度的重要内容。自 1883 年《保护工业产权巴黎公约》（以下简称《巴黎公约》）问世以来，知识产权的保护从国内范围进入国际领域，知识产权国际保护制度开始得到长足发展，1994 年签署的《与贸易有关的知识产权协议》（以下简称 TRIPs 协议），更是将知识产权保护深度嵌入世界贸易体制中。

1. 知识产权国际化保护的背景

知识产权得到法律保护的初始，人们通常要求自己的知识产品能够在本国领域内得到法律保障。但是伴随着工业和技术的发展，进入垄断阶段的西方诸国为了向外扩张，在其他国家积极寻找市场，大量输出自己生产的商品以及资本、科技产品、文化和艺术作品等。伴随着上述商品和产品的输出，著作权、专利权、商标权等知识产权的理念、法律制度也传播到这些国家。在国际贸易日益频繁的情况下，人们发现，知识产权仅在一个国家进行保护是远远不够的。因此到 19 世纪末，不同国家之间纷纷签订互惠性双边条约，进入 20 世纪后，诸多双边条约逐渐被地区性和国际性的条约所替代。现在，国际上已经建立了多个国际性知识产权组织和国际条约，形成了较为体系化的协调、保护知识产权的法律制度。

2. 知识产权国际化保护的价值取向

首先，知识对社会发展的作用越来越大。翻阅发展近代史，人们会发现经济发展与科研发展、知识产品大量产生有着非常密切的关系，知识产权在经济发展中发挥的作用越来越大。正如日本著名学者界屋太一所言：知识的价值将占据整个社会的主导地位。

其次，知识和知识价值的特点需要知识产权保护国际化。以钢材和知识为例，虽然两者都有自己的价值，但是钢材的使用价值不会因供求关系变化而受到影响，知识的使用价值却大不相同。例如，春季设计的夏装，同年秋季可能会大幅度降价。又如，一项性能优越、给公司带来巨额利润的技术，当有新的技术超过它时，该技术的价值就会大大降低，甚至遭遇淘汰。所以知识的极易传播性和知识价值的短暂性特点，促使各国通过不断协调，共同为知识产权提供法律保护。

第三节　与知识产权有关的国际公约

知识产权的国际保护制度兴起于 19 世纪 80 年代，目前已经成为国际经济、文化、科技、贸易领域中的一项法律秩序，以世界知识产权组织（WIPO）等相关国际组织为协调机构，在制定大量国际公约的基础上对各国知识产权制度进行协调，在知识产权领域已经形成了国际性的法律规则与秩序。WIPO 是根据 1970 年生效的《建立世界知识产权组织公约》而设立的，其宗旨是：通过国家之间的合作并在适当情况下与其他国际组织配合促进在全世界保护知识产权；保证各联盟之间的行政合作。

全球化促进知识产权国际保护发展主要体现在以下几个方面：知识产权国际保护多边体系的形成，知识产权国际保护基本原则的形成，知识产权国际保护统一保护标准的形成，在法律规则框架下解决知识产权国际争端。

一、《巴黎公约》

《巴黎公约》于 1883 年在法国巴黎订立，我国于 1985 年 3 月 19 日加入该公约。《巴黎公约》是知识产权领域第一个世界性多边公约，对于工业产权的国际保护具有深刻的影响。截至 2021 年 3 月，《巴黎公约》共有成员国 177 个。《巴黎公约》所指的"工业"，并不限于一般意义上与农业相对应的工业，而是包括农业、采掘业和其他所有人工或天然产品的制作。

二、《商标国际注册马德里协定》

《商标国际注册马德里协定》于 1891 年在西班牙马德里签订，我国于 1989 年 5 月 25 日加入。除此之外，还有 1891 年在马德里签订的《制裁商品来源的虚假或欺骗性标志协定》，1957 年在法国尼斯签订的《为商标注册目的而使用的商品与服务的国际分类协定》，1973 年在奥地利维也纳签订的《商标图形国际分类协定》，1980年在维也纳签订的《商标注册条约》，1994 年在瑞士日内瓦签订的《商标法条约》等。

三、《保护文学艺术作品伯尔尼公约》

《保护文学艺术作品伯尔尼公约》于 1886 年在瑞士伯尔尼签订，我国于 1992 年10 月 15 日正式加入。截至 2021 年 3 月 15 日，共有 179 个国家加入。该公约共有 44条，主要内容包括：文学艺术作品的解释、作品发表的解释、保护期限、各种专有权等。同时，该公约确立了国民待遇原则、自动保护原则、权利独立原则和最低保护限度原则。

四、TRIPs 协议

在世界主要发达国家倡议下，TRIPs 协议于 1994 年 4 月 15 日在摩洛哥的马拉喀什完成最终签署，形成了知识产权国际保护体系。TRIPs 协议下的知识产权国际保护特点是范围更广，措施更严，标准更高，争端解决更有效。对这个高标准知识产权国际保护制度，广大发展中国家只是被动接受，因为它弱化了发展中国家的立法主权，加大了经济发展的成本。我国于 2001 年 12 月 11 日起成为世界贸易组织（WTO）成员，同时也成为 TRIPs 协议成员。

（一）TRIPs 协议对知识产权的最低保护标准和基本原则进行的规定

1. 保持"国民待遇原则"，引入"最惠国待遇原则"和"透明度原则"

"国民待遇原则"是许多国际公约所采取的一个重要原则，内容是平等及对等保护成员国公民利益。"最惠国待遇原则"体现为：就知识产权而言，一个成员国向任何其他国家的国民所给予的任何利益、优待、特权或豁免，均应当无条件地适用于所有其他成员国国民。所谓"透明度原则"是指成员国与该协议内容有关的法律、法规以及具有普遍适用性的终局司法判决和行政决定，均应当公开发表，使各国政府各权利所有人能够了解其内容。

2. 加强了对知识产权的保护

首先，扩大了知识产权保护范围。将所有涉及知识产权的形式均纳入其保护范围内，如著作权、专利、商标、商业秘密、计算机软件、数据库、集成电路布图设计等，其中有关集成电路布图设计、商业秘密的内容是首次在国际性知识产权公约中涉及。其次，延长了知识产权保护期。如规定包括计算机软件在内的著作权保护期不少于 50 年，专利权的保护期不少于 20 年等。再次，强化了司法保护。如规定对知识产权的保护可以采取司法判决和行政决定，这些执法应当公平合理，应当执行合理的费用及期间限制，同时，任何终局行政决定均应当接受司法或准司法的审查。

（二）TRIPs 协议对我国知识产权保护的影响

1. 强化了我国民众知识产权国际化保护意识

所谓"国际化保护"是指在国内法律、法规的制定与执行中，要注意同我国加入的有关知识产权国际公约或者协定内容一致。我国公民的知识产权保护意识在达到同等的国际保护水准的同时，我国公民与外国人无论在我国还是在外国均能够享受同等的国民待遇。

2. 确立了透明度原则

透明度原则强调，立法、行政决定、司法审判等有关知识产权的确认和保护均需要信息公开，使得人们十分容易获得有关知识产权保护的相关法律、决定、判例等方面的资料，拒绝知识产权保护领域中的暗箱操作行为。

3. 确立了行政决定在发生争议时必须接受司法审查的原则

行政决定不能否定司法权。当人们对行政决定发生异议时，司法机构有权进行审查并根据法律的精神、规则和程序做出司法裁判。

第四节　知识产权实务概述

一、知识产权实务的概念

知识产权实务是指与知识产权的取得、运用、保护、管理、服务相关的实际工作和过程。实务与理论是相对而言的，理论是对事物的解释或是事物的体系，是人们经过长期研究所形成的具有一定专业知识的智力成果。实务则通常指在实际生活中进行操作的程序、技巧等。从法律的角度讲，实务是指运用法律解决实际问题的工作和过程。

二、知识产权实务的范围

（一）知识产权法律实务

知识产权法律实务是指以知识产权法律服务为主要内容的实务，具体包括知识产权的行政管理实务、司法实务和法律服务实务。

1. 知识产权行政管理实务

知识产权行政管理实务，是指知识产权行政管理部门依法从事与知识产权相关的行政管理工作，包括登记工作和处罚侵权行为等。

（1）登记，即对知识产权取得、变更、消灭等进行相应的注册受理、异议处理、注册登记、撤销登记、注销登记等工作，包括对作品著作权备案登记、作品质押登记、专利授权登记、专利转让登记、商标取得登记、商标许可备案登记等。行政机关的登记，有些是经过登记后才生效的，如专利权的取得、商标权的取得等；有些只是登记备案，不登记并不影响相应的行为效力。例如，软件著作权备案登记就实行自愿登记原则，不登记不影响著作权取得；专利转让和商标转让也实行备案登记制度，不登记不能对抗善意第三人。

（2）责令停止侵权，即向侵害知识产权并且同时损害公共利益、破坏国家正常经济秩序的侵权人发出行政执法通知，要求侵权人立即停止实施其侵害知识产权人权利的行为。

（3）没收，主要包括：①没收非法所得，即将其从侵权行为中获得的非法利益（利润）全部收归国家财政；②没收侵权物品或主要生产设备，即没收侵权复制品、侵权产品，或者没收主要用于制作或制造生产侵权物品的材料、工具、设备等。对于没收的侵权物品或者主要生产设备，根据情况可予以变卖或销毁。

（4）罚款，即对侵权人发出罚款通知，要求侵权人在指定的时间到相关部门缴付一定数额的罚款。行政罚款有助于加大对知识产权侵权行为的惩罚力度，进一步遏制知识产权侵权行为，更好地保护知识产权人的合法权益，维护市场秩序和社会公共利益。

2. 知识产权司法实务

知识产权司法实务，是指与知识产权相关的审判、检察等工作，主要包括人民法院审理知识产权纠纷案件，人民检察院公诉、监督、抗诉知识产权犯罪案件等。

3. 知识产权法律服务实务

知识产权法律服务实务，是指向当事人提供与知识产权相关的专业法律服务工作，主要包括知识产权法律咨询（如知识产权风险评估咨询等）、知识产权法律文书（如许可或转让合同）的撰写和知识产权业务代理（如专利代理、商标代理或诉讼代理、仲裁代理等）。

（二）企业知识产权管理实务

企业知识产权管理是指以法律规定为依据，以知识产权为客体，综合运用法律、技术、经济等方法所实施的有计划的规划、组织、协调和利用活动，既有管理工作方面的特征，也有法律工作方面的特征。

企业知识产权管理是对企业所拥有的知识产权进行综合性管理和系统化谋划的活动，具体包括企业对知识产权获取、应用、规划、维护等方面的管理工作。在知识经济时代，知识产权是重要的财富资源，企业知识产权管理也是提升企业竞争力的重要内容。

思考与延伸

1. 知识产权的概念。
2. 如何理解知识产权的特征。
3. 知识产权保护走向国际化的动因。
4. 列举四个与知识产权有关的国际公约。
5. 为什么 TRIPs 协议加大了发展中国家经济发展的成本？
6. 简述知识产权实务的范围。

第二编

专利法基础与实务

本编概述

　　专利是知识产权的重要形式，是保护科技创新的重要途径，是权利人在一定时间内对其发明创造享有的排他权。专利法的目的是保护专利权人的合法权益，鼓励发明创造，推动发明创造的应用，提高创新能力，促进科学技术进步和经济社会发展。本编主要包括专利制度概论、专利权主体及客体、专利申请文件撰写、专利申请及审批流程、专利申请要务及常见实务、专利权的实施与法律保护、专利文献与检索。❶

---

❶ 本编中《专利法》均指《中华人民共和国专利法》（2020 年修正）。

第一章 专利制度概论

　　具体包括：专利、专利权的基本概念和特征，非正常专利申请的本质及表现情形，中国专利制度的特征及程序设计，中国专利代理制度及专利代理执业规范。通过本章的学习，能够掌握专利及专利权的法律特征，深入了解我国的专利制度及专利代理制度。

 案例

李师傅水暖炉专利

　　李师傅一生致力于水暖炉研发，最近他又研制了一款新的水暖炉，并组织了生产与销售。一开始该水暖炉销售不错，但不到半年销售额就大大减少。李师傅经过一番调研，发现邻县的一家企业仿制了他的产品。由于仿制企业没有研发投入，所以水暖炉成本低、售价也低，这样仿制产品就大大瓜分了李师傅的市场。得知此情形，李师傅一怒之下申请了专利，最后拿到了专利证书，获得了法律保护，从此李师傅解除了后顾之忧。

　　试分析："取得专利证书、获得法律保护、解除后顾之忧"的观点有何不妥？

第一节　基础知识

一、专利

专利的英文"patent"一词来源于拉丁文，意思是 to be open（打开或开）。英国专利法最早出现"patent"的时候，将其定义为技术公开并独占使用，所以"patent"具有公开和垄断双重含义。专利是专利法中最基本和最核心的概念，通常有专利权、专利文献和专利技术三种含义。

（1）专利权，指公民、法人或其他组织在一定时间内对其发明创造享有的排他权。

例如：我有 1 项专利（专利权）。

（2）专利文献，指专利审批过程中产生的官方文件及其出版物的总称，主要包括专利申请说明书、专利说明书、专利公报、专利数据库等。专利法规定，专利文献要对技术方案作出清楚完整的描述。不论是国内专利还是国外专利，都可以在互联网上进行免费检索，获得完整的专利申请资料。

例如：在做技术研发前先检索一下专利（专利文献）。

（3）专利技术，指受专利法保护的技术方案。

例如：引进了 1 项专利（技术方案）。

在教材、著作、文章中看到专利一词时，其真正含义要结合该词所处的语境才能作出正确判断。

二、专利权

专利权属于无形财产，是指国务院专利行政部门依据专利法规定，授予申请人在一定时间内对该发明创造享有的排他权。专利权具有排他性、时间性和地域性三个特征。

（一）排他性

发明和实用新型专利权被授予后，除《专利法》另有规定的以外，任何单位或者个人未经专利权人许可，都不得实施其专利，即不得为生产经营目的制造、使用、许诺销售、销售、进口其专利产品，或者使用其专利方法以及使用、许诺销售、销售、进口依照该专利方法直接获得的产品。

外观设计专利权被授予后，任何单位或者个人未经专利权人许可，都不得实施其专利，即不得为生产经营目的制造、许诺销售、销售、进口其外观设计专利产品。

（二）时间性

专利权是一项有期限的民事权利，各国专利法都对期限做了明确规定。专利权只在法定期限内存在，期限届满后专利权就不再存在，该发明创造即成为人类的共同财富，任何人都可以自由利用。

（三）地域性

专利权只在授权地域内有效。根据该特征，依一国法律取得的专利权只在该国法律管辖的领域内受到保护，在其他国家或地区则不受保护。换而言之，每个国家所授予的专利权都是互相独立的权利，并不是伴随发明创造的完成而自动产生，需要申请人按照专利法规定的程序和手续向该国知识产权局提出申请，经审查符合专利法规定才被授予专利权。

三、专利法

专利法，是指调整因确认发明创造的所有权和因发明创造的实施而产生的各种社会关系的法律规范的总称。专利法所调整的仅仅是申请专利并获专利权的发明创造，而不是所有的发明创造。

（一）专利法目的

专利法是伴随着商品经济的发展及科学技术的发展而逐步产生和完善的。知识经济时代，技术日益成为竞争力的重要因素，每产生一项先进技术，就会围绕技术产生各种社会关系，其中最根本的就是这项技术的归属以及如何实施。专利法正是根据技术财产的特殊性，对其归属以及实施过程中可能产生的社会关系进行了规定，宗旨是保护专利权人的合法权益，鼓励发明创造，推动发明创造的应用，提高创新能力，促进科学技术进步和经济社会发展。

（二）专利法本质

（1）经国家审查确认，授予申请人对发明创造享有的专有权，属于私权。

（2）专利权人在法律规定的期限内，对取得专利权的发明创造享有制造、使用、销售、许可等排他权，任何人不得侵犯这种权利。

（3）通过上述方式，促使专利申请人把发明创造公布于众，以促进科学技术的推广、交流和发展，促进发明创造的应用。

（4）法律保护期限届满后，该项技术就成为整个社会的公共财产，任何人都可以无偿使用。

（三）专利法内容

专利法以保护特定人的相对排他权为手段，促进技术的公开和使用，推动社会的进步。专利法已成为知识产权法律体系的主要组成部分，主要内容包括：专利申请权和专利权的归属原则，授予专利权的条件，专利的申请，专利申请的审查和批准，专利权人的权利和义务，专利权的期限、终止和无效，专利权的流转和保护等。

四、非正常申请专利行为

（一）非正常申请专利行为的概念

"非正常申请专利行为"最早称为"非正常专利申请行为"。我国国家知识产权局 2007 年 8 月颁布的《关于规范专利申请行为的若干规定》（国家知识产权局令第 45 号）中，首次将"非正常专利申请行为"纳入行政规制对象，意在控制非正常专利的产生。随着专利申请数量的急剧增长，非正常申请又出现了新类型，直接参与者不光有申请人，也有专利代理机构等主体，显然"非正常申请专利行为"更加符合立法原意，因此国家知识产权局在 2021 年 3 月发布的《关于规范申请专利行为的办法的公告》（国家知识产权局公告第 411 号）中对"非正常申请专利行为"作出定义。非正常申请专利行为是指任何单位或个人，不以保护创新为目的，不以真实发明创造活动为基础，为牟取不正当利益或者虚构创新业绩、服务绩效，单独或者勾联提交各类专利申请、代理专利申请、转让专利申请权或者专利权等行为。

非正常申请专利行为严重违背了专利法立法宗旨和诚实信用原则，对其进行严厉打击，可从源头上促进专利质量提升，对我国深入实施创新驱动发展战略、建设知识产权强国、推进高质量发展具有十分重要的意义。

（二）非正常申请专利行为的表现形式

目前，国家知识产权局列出的非正常申请专利行为有 9 种表现形式，具体如下。

（1）同时或者先后提交发明创造内容明显相同、或者实质上由不同发明创造特征或要素简单组合变化而形成的多件专利申请的。

本条是指发明创造内容明显相同或经过简单组合变化而形成多件专利申请，无论这些专利申请是同时提交还是先后提交的，既包括提交多件不同材料、组分、配比、部件等简单替换或拼凑的发明或实用新型申请，也包括对不同设计特征或要素原样或细微变化后，进行简单拼合、替换得到的外观设计申请。如关于"果酒的制备工艺"，完全可以用上位概念"水果"来代替苹果、山楂、青梅等，但申请人为了追求专利数量，分别申请苹果酒、山楂酒、青梅酒等果酒的制备工艺。虽保护力度不变，但增加了专利申请数量、申请成本和审查员工作量，视为"非正常"。

（2）所提交专利申请存在编造、伪造或变造发明创造内容、实验数据或技术效果，或者抄袭、简单替换、拼凑现有技术或现有设计等类似情况的。

其中"编造、伪造或变造"主要指编造、伪造不存在的发明创造内容、实验数据、技术效果等行为；或者对已有技术或设计方案加以修改变造后，夸大其效果，但实际无法实现该效果的行为。如某公司一次提交的一百多件专利申请，大部分是采用简单替换部件的方式形成，将链条传动简单地改变为皮带传动或者齿轮传动，将过盈配合改变为固定连接或者焊接，并无实质性创新。

（3）所提交专利申请的发明创造与申请人、发明人实际研发能力及资源条件明显不符的。

例如，小学生提交的"走廊日光灯开关的自动控制"专利申请。又如，某公司在七个月左右的时间内提交了三千余件专利申请，这些申请涉及的技术领域广泛，但发明人集中，其中1009件专利申请的发明人均为同一人，从申请量和涉及的技术领域来看，明显不符合个人实际能力，背离了科技研发规律。

（4）所提交多件专利申请的发明创造内容系主要利用计算机程序或者其他技术随机生成的。

本条是指没有科研人员实际参与，仅利用计算机手段随机、无序地形成技术方案或设计方案，不是真实的创新活动。例如，某公司提交的一百多件瓷砖外观设计申请，其图案完全是利用计算机技术随机生成，没有保护意图。

（5）所提交专利申请的发明创造系为规避可专利性审查目的而故意形成的明显不符合技术改进或设计常理，或者无实际保护价值的变劣、堆砌、非必要缩限保护范围的发明创造，或者无任何检索和审查意义的内容。

本条是指申请人为规避可专利性审查目的，故意将本领域常规的或者本可以通过简单步骤实现的技术路线或设计方案复杂化处理，但实际上并没有实质性技术改进或者取得积极的技术效果。如发明名称为"眼药水及其制备方法"的专利申请，技术内容为利用鸡肉、葱白、花椒、酱油、白酒等煎煮制成。

（6）为逃避打击非正常申请专利行为的监管措施而将实质上与特定单位、个人或地址关联的多件专利申请分散、先后或异地提交的。

本条是指为逃避被认定为非正常申请专利行为，故意通过注册多个公司、利用多个身份证件号码或使用多个公司地址方式，将本属于同一申请人的专利申请，从时间、地点、申请人等多个角度进行分散提交。其专利权获取不以保护创新为目的，而是为了满足社会各种行政激励的需求，如申报课题、申报高新技术企业、不以市场保护为目的的买卖等。

（7）不以实施专利技术、设计或其他正当目的倒买倒卖专利申请权或专利权，或者虚假变更发明人、设计人的。主要包括 2 种情形：

① 出于非市场竞争目的的倒买倒卖专利申请权或专利权的行为。例如，某机构将审查期间的专利申请或获得授权后的专利进行批量转让，且转让人所持有的专利申请或专利与其经营业务没有必然关联，或者受让人明显不是出于技术实施或其他合理法律目的受让专利申请或专利权的行为。

② 虚假变更发明人、设计人的行为。实践中发现存在出于不正当利益目的，将未对发明创造作出贡献的人变更为发明人或设计人的情况，而《专利法实施细则》第 13 条规定，发明人或设计人应当是对发明创造的实质性特点作出创造性贡献的人。

（8）专利代理机构、专利代理师，或者其他机构或个人，代理、诱导、教唆、帮助他人或者与之合谋实施各类非正常申请专利行为的。

本条是指有资质的专利代理机构、专利代理师及无专利代理资质的机构或个人，实施各类非正常申请专利行为。包括直接代理非正常专利申请的行为，以及诱导、教唆、帮助他人提出非正常专利申请的行为。

（9）违反诚实信用原则、扰乱正常专利工作秩序的其他非正常申请专利行为及相关行为。

本条是兜底条款。

第二节　专利制度概述

一、专利制度

专利制度是依据专利法而形成的保障发明创造人的利益，鼓励发明创造，促进发明创造成果推广应用，从而推动技术进步和经济发展的法律制度。专利制度起源于中世纪的欧洲，世界上第一部专利法是威尼斯共和国在 1474 年 3 月 19 日颁布的《威尼斯专利法》。

（一）专利制度的特征

1. 法律保护

以法律手段保护符合专利条件的发明创造，是专利制度的中心环节。

2. 科学审查

科学审查是指对申请专利的发明创造是否符合授予专利权的条件所进行的全面审查。

3. 技术公开

技术公开是指专利申请人必须以说明书等专利申请文件充分公开申请专利的发明创造，使社会了解申请专利的技术内容、监督专利权的授予。

4. 国际交流

国际交流是指国与国之间，可以通过共同加入的国际公约或双边协议或者依照互惠、对等的原则，进行专利技术情报的交换、专利技术的贸易或合作。

（二）专利制度的作用

专利制度的工作机理是依照专利法规定，通过授予专利权人在一定时期内对其发明创造的排他权，使专利权人获取经济利益，进而激励更多人参与到社会的发明创造之中。作为对价，专利权人将发明创造内容公之于众，在促进推广应用的同时，他人可以在得到启迪、借鉴的基础之上进行创新，从而避免社会资源浪费，推动科技进步和经济发展。专利制度的作用表现为以下 3 个方面。

1. 对发明创造的激励作用

专利制度通过在较长时期内赋予专利权人享有实施专利的垄断性权利，从而使专利权人可以得到尽可能大的经济回报，在物质上保障了专利权人的利益，可以激励更多的人参与到社会的发明创造之中。

2. 促进发明创造的推广作用

专利制度建立了相应规则来促进发明创造的推广和运用。如专利权人每年都要缴纳专利年费，且专利年费随时间台阶式增加，若专利权人觉得无利可图，就会尽早放弃专利，从而使其发明创造能为更多人所用。即使专利权人不放弃其权利，当保护期限到期后，该发明创造也会成为全社会公共财产，从而促进发明创造的推广应用。

3. 对国民经济的推动作用

科技是第一生产力。由于专利制度使专利权人的利益得到了保障，激发了人们发明创造的热情，所以当社会上的发明创造增多后，就推动了社会经济的发展。另外，由于获得专利的前提条件就是必须使发明创造公开，他人根据已公开的技术，可在其基础之上进行创新，从而避免了社会资源的浪费，客观上对国民经济起到了推动作用。

二、中国专利制度

《专利法》于 1984 年 3 月 12 日于第六届全国人民代表大会常务委员会第四次会议通过，1985 年 4 月 1 日正式实施，标志着我国当代专利制度的开始。之后《专利法》又经历了 1992 年、2000 年、2008 年、2020 年四次修改，最新一版《专利法》于 2021 年 6 月 1 日起正式实施。

（一）中国专利制度的主要特征

1. 专利类型及审查制度

我国专利有发明、实用新型、外观设计三种类型。在世界上许多国家，专利一般专指发明专利，实用新型和工业品外观设计则相对独立，有些国家甚至没有建立实用新型制度。

审查制度对三种专利各有区别：实用新型和外观设计专利申请采取初步审查制，仅对专利申请的形式和是否具有明显实质性缺陷进行审查；发明专利申请采用实质审查制，除形式审查外，还对申请所涉及的内容进行审查。

2. 先申请原则

我国与大多数国家一样采用先申请原则。依照《专利法》的规定：两个或两个以上的申请人分别就同样的发明创造申请专利的，专利权授予最先申请的人。

先申请原则在多个申请人的申请均符合授权条件的前提下才适用，先后时间判断精确到"日"。在同一日提出申请的多个申请人，根据《专利法实施细则》的规定由双方协商确定申请人，协商不一致均不授予专利权。

3. 专利申请的授权条件

（1）形式条件，申请文件应当齐备，撰写符合《专利法》及其实施细则的要求；申请人的身份合法，各种证明文件齐备，申请人如果是外国人的，应当委托代理机构；申请人应当缴纳申请费用。

（2）实质条件，对于发明和实用新型而言，要同时具备新颖性、创造性和实用性，并且符合充分公开和限定保护范围的要求。对于外观设计而言，要与现有外观设计不相同或不相近似。

（二）中国专利审查制度的程序设计

1. 发明专利申请的审查程序

我国对于发明专利申请采用"早期公开、延迟审查"的制度。国家知识产权局受理专利申请后，经初步审查合格，自申请日起 18 个月时即行公布其申请文件，然后根据申请人于规定期限（自申请日起 3 年）内提出的请求，进行实质审查，经审查没有发现驳回理由的，予以授权并公告。专利权自授权公告之日起生效。

2. 实用新型与外观设计专利申请的审查程序

我国实用新型和外观设计专利申请审查流程较为简捷，仅包括受理申请、初步审查和授权公告。经初步审查没有发现驳回理由的，由国家知识产权局予以授权并公告。专利权自授权公告之日起生效。

3. 专利申请的复审程序与专利权的无效宣告程序

（1）复审程序：对于国家知识产权局作出驳回申请决定不服的，申请人可以请求专利局复审和无效审理部（以下简称"复审和无效审理部"）对其专利申请进行复审。

（2）无效宣告程序：自国家知识产权局公告授予专利权之日起，任何单位或个人认为该专利权的授予不符合《专利法》有关规定的，可以请求复审和无效审理部宣告该专利权无效。

4. 撤回程序

根据《专利法》的规定，专利申请人可以在授予专利权之前随时撤回其专利申请。撤回专利申请，可以以主动声明等方式进行，也可以以"没按照要求办理必要手续"的被动方式进行。

5. 权利恢复程序

如果当事人因不可抗拒的事由或者正当理由、延误国家知识产权局指定的期限，导致其权利丧失的，自障碍消除之日起 2 个月内、最迟自期限届满之日起 2 年内，可以向国家知识产权局说明理由并附具有关证明文件，请求恢复权利。

申请人因延误了新颖性宽限期、优先权期限、诉讼时效期限等而丧失权利的，不能恢复。

第三节　中国专利代理制度及专利代理执业规范

一、中国专利代理制度概述

专利代理，是指专利代理机构接受委托，以委托人的名义在代理权限范围内办理专利申请、宣告专利权无效等专利事务的行为。专利代理具有法律服务和技术服务双重属性，专业性强、复杂程度高，任何单位和个人可以自行在国内申请专利和办理其他专利事务，也可以委托依法设立的专利代理机构办理，法律另有规定的除外。

（一）专利代理的作用

专利代理贯穿于发明创造申请与审查授权、实施与保护的全过程，在维护申请人和专利权人的合法权益、促进专利审查授权质量不断提高方面发挥着重要作用。具体表现为以下两方面。

1. 帮助委托人实现合法权益最大化

专利事务具有一定的专业性和复杂性，专利申请人等当事人通过委托专利代理机构代为办理，可以增强申请文件撰写的规范性，减少办理专利申请等事务过程中的障碍，加强与审查部门的沟通，提高专利申请的受理和审查效率；在专利实施许可、专利权转让等事务中，专利代理机构也可以向委托人提供专业化服务。

2. 帮助政府部门和司法机构提高效率

专利代理机构在办理专利事务的过程中，不仅为委托人带来便利、尽可能保护其利益，也有助于提高专利申请的受理与审查、复审与无效宣告等相关工作的效率，还有助于地方专利管理部门和人民法院等相关机构顺利开展解决专利纠纷等工作。

（二）专利代理的行业管理

中华全国专利代理师协会是由专利代理师等自愿结成的全国性、行业性社会团体，是非营利性社会组织。该会作为全国性行业自律组织，由国家知识产权局主管，其行业管理的主要业务范围是：

（1）保障专利代理行业正常秩序，支持专利代理机构和专利代理师依法执业，维护行业利益及会员的合法权益。

（2）制定行业自律规范和服务标准，加强行业自律，对会员实施考核和惩戒，及时向社会公布会员信息和考核惩戒情况。

（3）组织专利代理机构、专利代理师开展专利代理援助服务以及社会公益活动。

（4）指导专利代理机构开展实习工作；组织专利代理师实习培训和执业培训，开展职业道德、执业纪律教育。

（5）按照国家有关规定推荐专利代理师担任诉讼代理人；指导专利代理机构完善管理制度，提升专利代理服务质量；开展专利代理行业国际交流。

（6）协调专利代理行业内外关系，提升行业社会形象和社会声誉，拓展行业服务范围，举办符合相关规定的事业；组织开展专利代理学术交流和研究活动，总结交流专利代理工作经验。

（7）宣传专利代理工作，建立并宣传执业风险保障制度，建设专利代理行业文化，承办政府有关部门委托的其他事项。

（8）其他依法应当履行的职责。

二、专利代理机构及执业规范

专利代理机构，是接受委托人的委托，在委托权限范围内，办理专利申请或者办理其他专利事务的服务机构。专利代理机构有专利代理机构和办理专利事务的律师事务所两种类型。

（一）专利代理机构的组织形式

专利代理机构的组织形式分为合伙制和有限责任制两类。从发起人人数角度，合伙制专利代理机构应当由 3 名以上合伙人共同出资发起，有限责任制专利代理机构应当由 5 名以上股东共同出资发起。从责任承担角度，合伙制专利代理机构对机构债务共同承担无限连带责任，有限责任制专利代理机构具有独立的法人资格，以该机构的全部资产对其债务承担责任。

（二）专利代理机构的设立

1. 设立条件

成立专利代理机构必须符合下列条件：①有符合法律、行政法规规定的专利代理机构名称；②有书面合伙协议或者公司章程；③有独立的经营场所；④合伙人、股东符合国家有关规定。

2. 提交材料

专利代理机构，应当提交下列材料：①申请表；②合伙协议书或者章程；③验资证明；④专利代理师资格证和身份证的复印件；⑤人员简历及人事档案存放证明和离退休证件复印件；⑥办公场所和工作设施的证明；⑦其他必要的证明材料。

3. 成员要求

成为专利代理机构合伙人或者股东的条件：①具有专利代理师资格证；②具有1年以上在专利代理机构实习的经历，且只在一家专利代理机构从业；③能够专职从事专利代理业务；④申请设立专利代理机构时的年龄不超过65周岁；⑤品行良好。

4. 专利代理机构的业务范围

专利代理机构可以接受委托，代理专利申请、宣告专利权无效、转让专利申请权或者专利权以及订立专利实施许可合同等专利事务，也可以应当事人要求提供专利事务方面的咨询。

三、专利代理师资格证

根据《专利代理条例》和《专利代理管理办法》的规定，具有高等院校理工科专业专科以上学历的中国公民，可以参加全国专利代理师资格考试。考试合格的，由国务院专利行政部门颁发专利代理师资格证。

专利代理师资格考试办法由国务院专利行政部门制定。

四、专利代理师执业证

专利代理师执业应当取得专利代理师资格证，在专利代理机构实习满1年，并在一家专利代理机构从业。

（一）申请"专利代理师执业证"的条件

需要同时具备以下条件：①具有专利代理师资格；②能够专职从事专利代理业务；③不具有专利代理或专利审查经历的人员需要在专利代理机构中连续实习满1年，并参加上岗培训；④由专利代理机构聘用；⑤执业证颁发时的年龄不超过70周岁；⑥品行良好。

（二）申请"专利代理师执业证"的程序

申请"专利代理师执业证"应当提交以下材料：①"专利代理师执业证"申请表；②"专利代理师资格证"和身份证的复印件；③人事档案存放证明或者离、退休证件复印件；④专利代理机构出具的聘用协议；⑤申请前在另一专利代理机构执业的，应提交该专利代理机构的解聘证明；⑥首次申请颁发"专利代理师执业证"的，应提交其实习所在专利代理机构出具的实习证明和参加上岗培训的证明。

经中华全国专利代理师协会审核，认为符合《专利代理管理办法》规定条件的，在收到申请之日起的15日内颁发"专利代理师执业证"；认为不符合条件的，在收到申请之日起的15日内书面通知申请人。

思考与延伸

1. 简述专利的含义。
2. 如何理解专利权的特征。
3. 简述非正常专利申请行为的危害。
4. 简述发明、实用新型和外观设计专利申请的审查制度。
5. 简述报考"专利代理师资格考试"需要满足的条件。
6. 简述"专利代理师资格证"与"专利代理师执业证"的区别。
7. 如何看待具有垄断色彩的专利权在社会经济发展中的作用？

第二章　专利权主体及客体

教学要点

　　具体包括：发明创造的相关主体，专利保护客体，不授予专利权的发明创造以及专利权的授权条件。通过本章的学习，能够掌握职务发明与非职务发明的区别，专利申请权的归属，发明人与专利申请人的区别，专利的保护范围，发明、实用新型和外观设计三种专利的区别，新颖性、创造性及实用性的概念及判断标准。

案例

专利申请权的归属

　　王某是××学校临时工，任职汽车司机。在工作中他发现倒车时后视镜有盲区，就萌生了研发念头。他办理了学校图书馆的借阅证，没有出车任务时他就到学校图书馆查阅资料，最后研发出"无盲区后视镜"。

　　问：该发明的专利申请权归谁？

第一节　发明创造的相关主体

一、申请专利的权利和专利权的归属

　　一项发明创造完成后，并不自动产生专利权，必须由有权提出专利申请的主体

向国家知识产权局提出申请，经国家知识产权局审查后才能授予专利权。《专利法》把发明创造分为职务发明和非职务发明两种。

（一）职务发明

《专利法》第6条规定：职务发明，系指执行本单位的任务或者主要是利用本单位的物质技术条件所完成的发明创造。职务发明创造申请专利的权利属于该单位，申请被批准后，该单位为专利权人。该单位可以依法处置其职务发明创造申请专利的权利和专利权，促进相关发明创造的实施和运用。

其中，本单位包括临时工作单位；本单位的物质技术条件主要是指本单位的资金、设备、零部件、原材料或者不对外公开的技术资料等。

职务发明具体包括以下4种情形：

（1）发明人在本职工作中完成的发明创造；

（2）履行本单位交付的本职工作之外的任务所作出的发明创造；

（3）退职、退休或者调动工作后1年内完成的，且与其在原单位承担的本职工作或者原单位安排的任务有关的发明创造；

（4）主要利用本单位的物质技术条件所完成的发明创造。对于利用本单位的物质技术条件所完成的发明创造，若单位与发明人或者设计人订有合同、对申请专利的权利和专利权的归属作出约定的，从其约定。

（二）非职务发明创造

在职务发明指定的情况之外作出的发明创造都属于非职务发明创造。

（三）合作完成的发明创造

除另有协议的以外，两个或两个以上单位或者个人合作完成的发明创造，专利申请权属于完成或者共同完成的单位或者个人。

（四）委托完成的发明创造

除另有协议的以外，接受委托所完成的发明创造，专利申请权属于受托人；申请被批准后，申请的单位或者个人为专利权人。

（五）专利申请权及专利权转让

专利申请权及专利权可以转让。转让专利申请权或者专利权的，当事人应当订立书面合同，并向专利局登记，由专利局予以公告。专利申请权或者专利权的转让自登记之日起生效。

中国单位或者个人向外国人、外国企业或者外国其他组织转让专利申请权或者专利权的，应当依照有关法律、行政法规的规定办理手续。

二、专利权主体

（一）专利权主体的概念

专利权主体即专利权人，是指依法享有专利权并承担与此相应的义务的人。

从专利权人的自然属性来看，专利权人包括自然人和法人；从专利权人的国籍来看，专利权人包括本国人和外国人；以专利权人是否通过转让获得专利权来看，专利权人包括原始主体和继受主体。

专利权人有权在其专利产品或者该产品的包装上标明专利标识。

（二）专利申请权主体

专利申请权主体是指依法享有就某项发明创造，向专利局提出专利申请的自然人、法人或其他组织。专利申请经审查合格获批专利权后，专利申请人自然成为专利权人。

（三）继受主体

继受主体是指通过转让、继承或者赠与方式依法获得专利申请权或专利权的人。转让专利申请权或者专利权的，当事人应当订立书面合同，并向专利局登记，由专利局予以公告。专利申请权或者专利权的转让自登记之日起生效。

三、发明人或者设计人

（一）概念

发明人或者设计人，指对发明创造的实质性特点作出了创造性贡献的人。其中，发明人是针对发明或实用新型而言，设计人是针对外观设计而言。

（二）特征

发明人或设计人，必须是直接参加了发明创造的自然人，不能是单位、集体或课题组等。

根据《专利法实施细则》第 12 条规定，在完成发明创造过程中，只负责组织工作的人、为物质技术条件的利用提供方便的人或者从事其他辅助性工作的人，均不是发明人或设计人，如试验员、采购员、机械加工人员等。

（三）共同发明人或者共同设计人

如果一项发明创造是由两个或两个以上的发明人、设计人共同完成的，则完成发明创造的人称之为共同发明人或共同设计人。

四、发明人或者设计人的权利

（1）发明人或者设计人拥有在专利文件中写明自己是发明人或者设计人的权利。该署名权也可以通过书面声明放弃。

（2）对发明人或者设计人的非职务发明创造专利申请，任何单位或者个人不得压制。

（3）被授予专利权的单位应当对发明人或者设计人给予奖励；发明创造专利实施后，根据其推广应用的范围和取得的经济效益，对发明人或者设计人给予合理的报酬。

五、外国人

外国人是指具有外国国籍的自然人和依照外国法律成立并在外国登记注册的法人。在中国有经常居所或者营业所的外国人，在申请取得专利权时享有国民待遇，没有任何条件限制。在中国没有经常居所或者营业所的外国人、外国企业或者外国其他组织，在中国申请专利的，依照其所属国同中国签订的协议或共同加入的国际条约，或者依照互惠原则，依法办理。

在中国没有经常居所或者营业所的外国人、外国企业或者外国其他组织，在中国申请专利和办理其他专利事务的，应当委托依法设立的专利代理机构办理。

第二节　专利权保护客体

《专利法》第2条对发明创造的客体作出了规定，具体是发明、实用新型和外观设计。

一、发明

发明是指对产品、方法或者其改进所提出的新的技术方案。

（一）保护客体

（1）产品，可以是有确定形状的新的技术方案，如机器、设备、工具、装置等，也可以是没有固定形状的新的技术方案，如液体产品、气体产品、颗粒状产品、材料、化合物等。

（2）方法，是指采用一个或一系列步骤制造某种产品或实现某种效果的技术方案，如"一种实验室空气净化方法""一种无人驾驶汽车的控制方法""一种牛仔面料的处理方法"等。

（3）产品新用途，如农药用于癌症治疗。

（二）保护期限

发明专利权的期限为20年，自申请日起计算。另外还有2种特殊情况：

（1）自发明专利申请日起满4年，且自实质审查请求之日起满3年后授予发明专利权的，国务院专利行政部门应专利权人的请求，就发明专利在授权过程中的不合理延迟给予专利权期限补偿，但由申请人引起的不合理延迟除外。

（2）为补偿新药上市审评、审批占用的时间，对在中国获得上市许可的新药相关发明专利，国务院专利行政部门应专利权人的请求给予专利权期限补偿。补偿期限不超过5年，新药批准上市后总有效专利权期限不超过14年。

二、实用新型

实用新型是指对产品的形状、构造或者其结合所提出的适于实用的新的技术方案。凡是属于实用新型保护的主题，一定属于发明专利保护的主题，反之则不然。

（一）保护客体

（1）保护客体只能是产品，不能是方法和工艺，而且是关于产品的新的技术方案。

（2）保护客体必须是具有确定形状、构造且占据一定空间的实体。没有确定形状的产品，如液体产品、气体产品、粉状产品等，不属于实用新型保护范围；若形状、构造中混杂有材料，例如：一种夹心饼干，其特征在于：芯层的成分为奶油、白糖、花生……"，创新内容不涉及结构的改进也不属于实用新型保护范围。

（3）保护客体的产生必须经过一定的制造过程，主要指对产品的机械构造、线路结构或两者的结合作出的改进。未经产业制造自然存在的物品，不属于实用新型保护客体，例如动、植物标本。

（二）保护期限

实用新型专利权的期限为 10 年，自申请日起计算。

三、外观设计

外观设计是指对产品的整体或者局部的形状、图案或者其结合以及色彩与形状、图案的结合所作出的富有美感并适于工业应用的新设计。

外观设计保护客体必须满足以下条件：①必须以产品为载体；②必须是对形状、图案或者其结合以及色彩与形状、图案的结合作出的新设计，强调视觉效果；③必须适于批量生产；④富有美感。

（一）外观设计的载体

外观设计与发明和实用新型不同，是对在工业上能批量生产的产品外观作出的设计，其载体是产品，追求的是产品的视觉效果，所以外观设计不能脱离产品而单独存在。

外观设计所涉及的产品可以是平面产品（如花布、瓷砖），也可以是立体形状的产品（如手机、水杯）；可以是单个产品（如茶杯），也可以是配套使用的成套产品（如成套茶具），或者具有独立性、可以单独销售的零部件（如衬衣的口袋）。但是，没有确定形状的产品（如气体、液体等），不能重复生产的手工艺品（很难再现的艺术品等）、农产品、畜产品、自然物，纯属美术、书法、摄影范畴的作品等，都不属于外观设计保护的主题。

（二）保护期限

申请日为 2021 年 6 月 1 日之前的，外观设计专利权的保护期限为 10 年，之后的（包括 2021 年 6 月 1 日）保护期限为 15 年，均自申请日起计算。

四、发明与实用新型的区别

发明和实用新型都属于新的技术方案，但两者在创造性、保护范围、审批程序、保护期限等方面有较大的差异，见表 2 - 2 - 1。

表 2 - 2 - 1　发明与实用新型的区别

区别	发明	实用新型
创造性要求	较高：与已有技术相比，有突出的实质性特点和显著的进步	较低：与已有技术相比，有实质性特点和进步
保护范围	较宽：产品方面，方法发明，产品新用途	较窄：关于产品的形状、构造或者其结合新的技术方案
审批程序	复杂：初步审查—公开—实质审查	简单：初步审查
保护期限	自申请日起 20 年，但有两种例外，国务院专利行政部门会应专利权人的请求给予专利权期限补偿	自申请日起 10 年

五、外观设计与实用新型的区别

外观设计是关于产品载体的美术设计，而非技术方案，与实用新型存在明显的区别，见表 2 - 2 - 2。

表 2 - 2 - 2　外观设计与实用新型的区别

区别	外观设计	实用新型
保护范围	产品外表的设计，不保护产品本身的技术性能	既设计产品的外形和外部结构，也涉及产品的内部结构
目的	追求视觉效果，不重视技术效果	旨在实现一定的技术效果
与产品结合	仅对产品的外表进行视觉效果的设计	技术方案与产品本身融为一体
表现形式	可以是立体，也可以是平面	必须涉及产品的形状、构造或者其结合
保护期限	申请日自 2021 年 6 月 1 日起，保护期限 15 年，其他为 10 年，均自申请日起计算	自申请日起 10 年

第三节　专利的授权条件

一、发明和实用新型专利的授权条件

《专利法》第 22 条规定，授予专利权的发明和实用新型，应当具备新颖性、创造性和实用性。

（一）新颖性

新颖性是指该发明或者实用新型不属于现有技术，也没有任何单位或者个人就同样的发明或者实用新型在申请日以前向专利局提出过申请，并记载在申请日以后公布的专利申请文件或者公告的专利文件中。具体而言：

（1）在申请日以前没有同样的发明创造在国内外出版物上公开发表过；

（2）在申请日以前没有在国内外公开使用过或者以其他方式为公众所知，如通过使用、实施、展销会等方式公开技术内容；

（3）在申请日以前没有同样的发明或者实用新型由他人提出过申请、并且记载在申请日以前公布的专利申请文件中（又称抵触申请）。

抵触申请是指一项申请专利的发明或者实用新型在申请日以前，已有同样的发明或者实用新型由他人向专利局提出过申请，并且记载在该发明或实用新型申请日以后公布的专利申请文件中。在申请日以前的先申请被称为后申请的抵触申请。

例如：李某于 2020 年 5 月 7 日提交了一项实用新型专利申请，但王某于 2020 年 4 月 20 日提交了一项发明专利申请，两者技术方案类似。虽然李某申请专利时王某的专利申请还没有公开，但王某的申请日在前，所以王某的专利申请就构成了李某的抵触申请，影响李某专利申请的新颖性。

（4）不丧失新颖性的例外。申请专利的发明创造在申请日以前六个月内，有以下情形之一的，不视为丧失新颖性。

① 在国家出现紧急状态或者非常情况时，为公共利益目的首次公开的；

② 在中国政府主办或承认的国际展览会上首次展出的；

③ 在规定的学术会议或者技术会议上首次发表的；

④ 他人未经申请人同意而泄露其内容的。

（二）创造性

创造性是指同申请日以前现有技术相比，发明有突出的实质性特点和显著的进步，实用新型有实质性特点和进步。

对任何发明或实用新型申请，必须与申请日前已有的技术相比，在技术方案的构成上有实质性的差别，不能是现有技术通过简单的分析、归纳、推理就能够自然获得的结果。发明的创造性比实用新型的创造性要求更高。

1. "突出的实质性特点"判断

判断发明是否具有突出的实质性特点，就是要判断对所属技术领域的技术人员来说，要求保护的发明相对于现有技术是否显而易见。判断过程中，要确定现有技术整体上是否存在某种技术启示，这种启示会使所属技术领域的技术人员在面对技术问题时，很容易利用启示内容处理问题。如果现有技术存在这种技术启示，则发明是显而易见的，不具有突出的实质性特点。反之，则具有突出的实质性特点。

现有技术中存在技术启示的情形主要包括以下两种。

（1）公知常识，通常包括本领域中解决该重新确定的技术问题的惯用手段，或教科书或者工具书等披露的解决该技术问题的技术手段。

（2）区别特征已经在最接近的现有技术中披露，且两者解决的问题、所起的作用基本相同。

2. "显著的进步"判断

在评价发明是否具有显著的进步时，主要应当考虑发明是否具有有益的技术效果。有益的技术效果可以体现在以下四方面。

（1）发明与现有技术相比具有更好的技术效果，如质量提升、效率提高、成本降低等。

（2）发明提供了一种技术构思不同的技术方案，其技术效果能够基本上达到现有技术的水平，如采用不同的方法制备同一种产品。

（3）发明代表某种新技术发展趋势，如半导体器件，在申请专利的初期，具有信号不稳定、体积大、噪声大的缺陷，但它代表了新技术的发展趋势，逐渐取代了晶体管，不能因为其存在各种缺陷而认为没有创造性。

（4）尽管发明在某些方面有负面效果，但在其他方面具有明显积极的技术效果，如燃料电池，虽然在使用寿命、性能稳定方面有短板，但降低了对环境的污染，节约了能源。

(三) 实用性

实用性是指该发明或者实用新型能够制造或者使用，并且能够产生积极效果。具体有以下两层含义。

(1) 该技术能够在产业中制造或者使用。专利法并不要求其发明或者实用新型在申请专利之前已经经过生产实践，而是分析和推断该技术具有可实施性及再现性。

(2) 必须能够产生积极的效果。即同现有的技术相比能够产生更好的经济效益或社会效益，如提高产品数量、改善产品质量、增加产品功能、节约能源或资源、防治环境污染等。

二、外观设计的授权条件

一项外观设计能否被授予专利权，除了考虑图片或者照片是否清楚显示要求专利保护的产品的外观设计等外，还需要考虑是否符合如下实质性授权条件。

(1) 不属于现有设计，即相对于申请日 (有优先权的指优先权日) 之前的现有设计而言，该外观设计应当是新的，而不是已有的，从而排除了与现有设计在整体视觉效果上相同或实质相同的外观设计。

(2) 不存在抵触申请，即在申请日 (有优先权的指优先权日) 之前没有任何单位或者个人就同样的外观设计提出过专利申请，并记载在申请日以后公告的专利文件中。

(3) 与现有设计或者现有设计特征的组合相比，应当具有明显区别。

(4) 不得与在先取得的合法权利相冲突。

授予专利权的外观设计不得与他人在申请日以前已经取得的合法权利相冲突。如商标权、著作权、企业名称权 (包括商号权)、肖像权以及知名商品特有包装或者装潢使用权等。

第四节　不授予专利权的发明创造

专利权是依法授予的实施发明创造的独占权，这种独占权的属性决定了并非任何发明创造都能被授予专利权。出于国家利益、公序良俗、政策等多方面原因，《专利法》第 5 条规定，对违反法律、社会公德或者妨害公共利益的发明创造，不授予专利权;对违反法律、行政法规的规定获取或者利用遗传资源,并依赖该遗传资源完成的发明创造,不授予专利权。此外,《专利法》第 25 条进一步规定了其他一些不授予专利权的发明创造,具体如下。

一、科学发现

科学发现是指对自然界中客观存在的现象、变化过程及其特性和规律的揭示,如发现一种新的元素。这些被认识的物质、现象、过程、特性和规律不同于改造客观世界的技术方案,不是专利法意义上的发明创造,因此不能被授予专利权。

发现与发明的区别在于,发现是一种认知,而发明则是一种技术方案;发现针对的是自然界中已经存在的事物,而发明是创造了自然界中本来不存在的事物。

二、智力活动的规则和方法

智力活动,是指人的思维运动,它源于人的思维,经过推理、分析和判断产生出抽象的结果,或者必须经过人的思维运动作为媒介才能间接地作用于自然产生结果。由于其没有采用技术手段或者利用自然法则,也未解决技术问题和产生技术效果,因而不构成技术方案。例如,交通规则、各种语言的语法、心理测验方法、计算机程序、各种游戏或娱乐的规则和方法等。

三、疾病的诊断和治疗方法

将疾病的诊断和治疗方法排除在专利保护范围之列,是出于人道主义的考虑和社会伦理的原因。医生在诊断和治疗过程中应当有选择各种方法和手段的自由,因此,疾病的诊断和治疗方法不能授予专利权。例如,诊脉法、心理疗法、按摩、为预防疾病而实施的各种免疫方法、以治疗为目的的整容或减肥等。

但是用于实施疾病诊断、治疗的医疗器械或药品可以申请专利。如血压计、一种治疗胃病的中药、一种治疗胃病的西药。

四、动物和植物品种

动植物是有生命的物体,是自然生长的,不是人类创造的结果,其品种不能用专利保护。如，一种观赏鱼，一种高产玉米。

但是随着现代生物技术的发展，人工合成或培育的动植物层出不穷，因此对于动植物品种的培育、生产方法可以授予专利权。例如，一种观赏鱼的食饵，一种提高奶牛产量的喂养方法。

五、原子核变换方法以及用原子核变换方法获得的物质

（一）原子核变换方法

原子核变换方法是指原子核经分裂或者聚合，形成一个或者几个新原子核的过程，例如完成核聚变反应的磁镜阱法、封闭阱法等。用原子核变换方法获得的物质主要是指用加速器、反应堆以及其他核反应装置生产制造的各种放射性同位素。

（二）用原子核变换方法获得的物质

这些物质主要是一些放射性同位素，因其与大规模毁灭性武器的制造生产密切有关，不宜被垄断和专有，所以不能授予专利权。但是，这些同位素的用途、为实现变换而使用的各种仪器设备以及为增加粒子能量而设计的各种方法等，都可以得到专利权保护。

六、对平面印刷品的图案、色彩或者二者的结合作出的主要起标识作用的设计

外观设计保护的是产品的外形特征，这种外形特征不能脱离具体产品。起标识作用的平面设计的主要作用是向消费者披露相关的制造者或服务者，与具体产品无关，属于商标法保护范畴，不能授予专利权。

思考与延伸

1. 根据《专利法》规定，下列哪些属于发明保护范围？哪些属于实用新型保护范围？哪些属于外观设计保护范围？

A. 鼠标　　　　　　　　　　　B. 玩具汽车

    C. 祖传秘方   D. 除尘方法

    E. 印有"超级女生"的扑克   F. 感冒冲剂

    G. 围棋棋谱

2. 什么是职务发明创造？它与非职务发明创造有何区别？

3. 简述职务发明的确认及其专利权归属。

4.《专利法》对发明人有哪些要求？

5. 简述发明与实用新型的区别。

6. 简述实用新型与外观设计的区别。

7. 简述发明、实用新型和外观设计的授权条件。

8. 以"衬衣"为例，试分析哪些会涉及发明，哪些会涉及实用新型，哪些会涉及外观设计。

第三章　专利申请文件撰写

教学要点

　　具体包括：各种专利申请文件的撰写。专利申请能否获得授权、保护范围大小与专利申请文件的撰写密不可分，《专利法》规定，申请发明或者实用新型专利的，应当提交请求书、说明书及其摘要和权利要求书等文件；申请外观设计专利的，应当提交请求书、该外观设计的图片或者照片以及对该外观设计的简要说明等文件。通过本章学习，能够全面掌握专利申请文件的撰写要求、撰写范式以及写作技巧，从撰写角度提高专利申请质量。

"图书馆用多功能书架"的申请文件撰写

　　申请案例背景介绍：书架是图书馆最基本的放书用具，读者在看书或需要做笔记时，若附近没有书桌作支撑就很不方便。本案例就是针对上述不足，在托书板底部增设可抽拉的写字板，读者看书时可以把书放在写字板上，做笔记时写字板可以起到书桌的作用，这样就大大完善了图书馆书架的功能。（本章第三节～第六节在介绍文件组成时，均以专利号为"CN201120229300.9"的实用新型专利"图书馆用多功能书架"为例）

第一节　申请文件撰写前的准备工作

一、构建专利思维的基础知识

在专利申请文件撰写前，应当熟悉《专利法》及其实施细则、《专利审查指南2010》有关专利申请文件撰写与审查的规定，如技术是否为专利权保护的主题、可专利性、说明书公开充分以及权利要求要清楚简要等。这些形式和实质性规定不仅是审查员判断专利申请是否符合授予专利权的条件，也是申请人撰写申请文件时应当考虑的内容。另外，在撰写申请文件和提炼技术方案时，申请人应当站在不同对象的角度来构思其权利要求的布局，如仿制者是否能够绕开专利权的保护范围直接复制专利技术，竞争者是否可以进行规避设计，审查员或无效宣告请求人是否对专利申请文件的撰写质量提出挑战等。

二、发明创造内容的分析判断

（1）排除明显不能获得专利保护的主题，即根据发明创造内容，判断相关主题是否符合有关发明或者实用新型的定义；是否属于违反法律、社会公德或者妨害公共利益的发明创造；是否属于违反法律、行政法规的规定获取或者利用遗传资源，并依赖该遗传资源完成的发明创造；是否属于《专利法》排除的保护主题；是否符合有关实用性的规定。

（2）技术方案是否清楚完整，使所属本领域技术人员能够理解和实施。

（3）确定申请专利的类型。

（4）分析梳理要求专利保护的内容。

（5）分析研究现有技术，排除明显不具备新颖性、创造性的主题。

（6）初步判断发明创造内容涉及的几项主题是否具备单一性，能否合案申请。

三、依申请目的采取的撰写策略

（一）专利整体布局

根据专利申请规划，如抢先申请、阻击申请、防卫申请或迷惑申请等不同目的，结合核心专利与外围专利的划分和布局，分别在专利申请类型、时机、地域以及申请文件撰写内容方面予以整体考虑。

（二）权利要求布局

在撰写时要对权利要求分层次，通过独立权利要求和从属权利要求形成多层次保护体系，并对技术特征进行区分、提炼和概括，使保护范围尽可能囊括解决技术问题所有的技术方案，这样才能应对将来的高价值专利运营、无效宣告和专利侵权诉讼的挑战。

（三）技术公开与技术秘密之间的平衡

在申请文件中必须将解决技术问题的技术方案描述清楚、完整，但是对于技术方案中的技术手段公开到何种程度，采取何种有效规避措施需要代理人和发明人充分沟通后确立撰写思路，使之既满足专利公开充分的授权条件，又避免将不宜公开的技术诀窍公布于众。

（四）依申请目的确定技术方案

针对竞争对手的专利申请，可以将专利布局之外的技术多申请专利，并在申请文件中尽可能撰写出所有替代或回避设计形成众多的从属专利，将与竞争对手进行交叉许可。如果为了控制专利技术背后的市场，在申请文件中将解决技术问题的技术方案全部撰写出来，对有市场价值的技术方案全面保护。

四、专利检索

专利文献能够反映专利技术的最新法律状态，通过专利文献可以开发新技术、进行技术预测，并可以通过专利情报分析调查其他企事业单位的专利布局、研发进程以及市场战略态势。因此，在专利申请前进行专利检索非常必要：首先要通过专利检索和查新分析评价待报技术方案获得授权的可能性，评估其新颖性和创造性，如果已经成为现有技术就不用重复研发与申请专利，避免浪费人力、物力。

通过申请前的专利检索，发现和理解与本申请相关的现有技术，这样既可以梳理出背景技术及其存在的技术问题，又可以通过对比现有技术，了解两者之间的技术方案以及技术效果的区别。

五、专利申请的布局

专利申请人和专利权人在专利布局时，有多种模式和方法形成有利于自身取得竞争优势并限制竞争对手的专利组合，而专利申请及其申请文件撰写前的规划和策略是专利布局的重要组成部分。专利申请的布局除了通常所说的专利池、专利组合、外围专利、地域申请、不申请等申请策略外，还要考虑以下几个方面。

（一）合案申请

如果一件发明或实用新型专利申请有多个独立的技术方案，一件外观设计专利申请有多个相似或成套的产品外观设计，在符合单一性的情况下可以合案作为一件专利申请提交。申请人可以充分利用合案申请制度进行专利申请布局，这样除了节省申请费用，还可以使多个技术方案或产品外观设计取得同一个申请日。将来即使审查员认为不具有单一性、要求分案，分案申请也可以保留原申请日，审查判断新颖性和创造性的时间标准是原申请日而不是提出分案申请的申请日。

另外，当审查因缺乏单一性要求分案时，申请人可以在申请日至审查这段时间考察市场和技术前景，根据考察结果和自身市场布局决定是否提出分案或放弃无单一性的技术方案。对于合案申请的多个技术方案或产品外观设计，申请人可以在审批和复审过程中根据情况适时提出分案申请，这样可以延长审查周期，使专利申请是否授予专利权始终处于不确定状态，给竞争对手带来压力。

（二）确定申请人

专利申请人是申请专利的主体，在专利授权后成为专利权人。专利申请后的专利申请权可以转让、继承，受让人、继承人成为新的专利申请人。以谁作为专利申请人，各企业有不同的策略，如 IBM 的所有专利技术，无论是在美国还是在其他国家或地区做出的研发成果，都以 IBM 总公司的名义申请专利；宝洁公司以自己的子公司名义申请专利，这样可以防止竞争对手通过专利检索发现其专利布局，从而故意规避专利诉讼背后的实际控制人。

（三）确定主题名称

主题名称应简短、准确地表明专利申请要求保护的对象和类型。在大多数专利申请中，主题名称虽然不能完整反映专利的技术方案，但是将代表创造性的主题体现在发明名称中，可以使其他人能够非常容易地检索到，让更多的人来实施、转化其专利技术。

六、专利挖掘

开展专利布局工作时往往与专利技术的盘点和挖掘相辅相成，即专利申请人的技术人员、专利负责人等通过沟通交流和专利挖掘，从纷繁的技术研发成果中筛选、提炼出可以申请专利的技术创新点和技术方案。在专利挖掘时，可以从研发项目任务出发，从任务组成部分、技术要素到创新点逐级拆分，也可以直接从技术创新点出发，寻找关联因素从而形成申报专利的技术材料。

第二节 请求书

一、请求书概述

请求书是供申请人填写的由专利局印制的统一表格，分为三种：发明专利请求书、实用新型专利请求书、外观设计专利请求书。申请人在提出专利申请时，应当按照规定的要求填写专利请求书表格，并将其提交给专利局，以表明请求授予专利权的愿望。

二、请求书内容

发明、实用新型或者外观设计专利申请的请求书应当写明下列事项：

（1）发明、实用新型或者外观设计的名称。

（2）申请人是个人的，应当填写本人真实姓名，不得使用笔名或者其他非正式姓名；申请人是单位的，该单位应当是法人或者是可以独立承担民事责任的组织，填写的单位正式全称应该与所使用公章上的单位名称一致。申请人是中国内地单位或者个人的，应当填写其名称或者姓名、地址、邮政编码、统一社会信用代码或者居民身份证件号码；申请人是外国人、外国企业或者外国其他组织的，应当填写其姓名或者名称、国籍或者注册的国家或者地区、经常居所地或者营业所所在地。申请人类型可从类型栏选择填写个人、企业或事业单位等。申请人请求费用减缴且已完成费用减缴资格备案的，应当在方格内作标记，并填写费用减缴资格备案时使用的证件号码。申请人为多个的，若指定的代表人为非第一署名申请人，应当指明被确定的代表人。

（3）发明人或者设计人的姓名真实身份信息，发明人或者设计人必须是自然人，可以是一个人，也可以是多个人，但不能是单位或"××研究室"之类的组织机构。

（4）申请人委托专利代理机构的，受托机构的名称、机构代码以及该机构指定的专利代理师的姓名、执业证号码、联系电话。

（5）要求优先权的，申请人在先申请的申请日、申请号及原受理机构的名称。

（6）申请人要求不丧失新颖性宽限期的，应当在请求书中声明，并自申请日起两个月内提交证明文件。

（7）申请人同日对同样的发明创造既申请实用新型专利又申请发明专利的，应当在请求书中说明。未作说明的，依照《专利法》第9条第1款关于同样的发明创造只能授予一项专利权的规定处理。

（8）申请人可以在发明专利请求书中声明请求提前公布其专利申请，这样就不需要再单独提交发明专利请求提前公布声明。

三、请求书示例

请求书示例见图2－3－1

实用新型专利请求书

请按照"注意事项"正确填写本表各栏

此框由国家知识产权局填写
①申请号　（实用新型）
②分案提交日
③申请日
④费减审批
⑤向外申请审批
⑥挂号号码

⑦实用新型名称

⑧发明人
发明人1　□不公布姓名
发明人2　□不公布姓名
发明人3　□不公布姓名

⑨第一发明人国籍或地区
居民身份证件号码

⑩申请人
□全体申请人请求费用减缴且已完成费用减缴资格备案
申请人(1)
姓名或名称　申请人类型
国籍或注册国家（地区）　电子邮箱
居民身份证件号码或统一社会信用代码　电话
经常居所地或营业所所在地信息：经常居所地或营业所所在地　邮政编码
省、自治区、直辖市　市县
城区（乡）、街道、门牌号
申请人(2)
姓名或名称　申请人类型
国籍或注册国家（地区）　电子邮箱
居民身份证件号码或统一社会信用代码　电话
经常居所地或营业所所在地信息：经常居所地或营业所所在地　邮政编码
省、自治区、直辖市　市县
城区（乡）、街道、门牌号
申请人(3)
姓名或名称　申请人类型
国籍或注册国家(地区)　电子邮箱
居民身份证件号码或统一社会信用代码　电话
经常居所地或营业所所在地信息：经常居所地或营业所所在地　邮政编码
省、自治区、直辖市　市县
城区（乡）、街道、门牌号

⑪联系人
姓名　电话　电子邮箱
省、自治区、直辖市　邮政编码
市县　城区（乡）、街道、门牌号

实用新型专利请求书

⑫代表人为非第一署名申请人时声明　特声明第____署名申请人为代表人

⑬专利代理机构
□声明已经与申请人签订了专利代理委托书且本表中的信息与委托书中相应信息一致
名称　机构代码
代理师(1)　姓名　执业证号　电话
代理师(2)　姓名　执业证号　电话

⑭分案申请
原申请号　针对的分案申请号　原申请日　年　月　日

⑮要求优先权声明

序号	原受理机构名称	在先申请日	在先申请号
1			
2			
3			
4			
5			

⑯不丧失新颖性宽限期声明
□已在国家出现紧急状态或者非常情况时，为公共利益目的首次公开
□已在中国政府主办或承认的国际展览会上首次展出
□已在规定的学术会议或技术会议上首次发表
□他人未经申请人同意而泄露其内容

⑰保密请求
□本专利申请可能涉及国家重大利益，请求按保密申请处理
□已提交保密证明材料

⑱同日申请
□声明本申请人对同样的发明创造在申请本实用新型专利的同日申请了发明专利

⑲摘要附图
指定说明书附图中的图____为摘要附图

实用新型专利请求书

⑳放弃主动修改权利
□申请人声明，放弃专利法实施细则第51条规定的主动修改的权利。

㉑申请文件清单
1. 请求书　页
2. 说明书摘要　页
3. 权利要求书　页
4. 说明书　页
5. 说明书附图　页
权利要求的项数　项

㉒附加文件清单
□优先权转让证明　份
□优先权转让证明中文题录　页
□保密证明材料　份
□专利代理委托书　页
总委托书备案编号（__________）
□在先申请文件副本　份
□在先申请文件副本中文题录　页
□向外国申请专利保密审查请求书　页
□其他证明文件（名称________）　份
□

㉓全体申请人或专利代理机构签字或者盖章
年　月　日

㉔国家知识产权局审核意见
年　月　日

图2－3－1　请求书示例

第三节　权利要求书

一、权利要求书概述

权利要求书是确定发明或者实用新型专利保护范围的法律文件。一份发明或者实用新型专利申请主题是否属于专利保护范围，所要求保护的技术是否具有新颖性、创造性和视域性，专利申请是否具备单一性、保护范围大小，都与权利要求书内容有直接的关系。此外，权利要求书也是判断他人是否侵权的根据，有直接的法律效力。

一件发明或者实用新型专利申请的权利要求书可以由一项或者多项权利要求构成。权利要求书是在说明书的基础上，通过技术特征的描述来展示技术方案，权利要求书中不应当记载背景技术、所要解决的技术问题和有益效果，上述内容需记载在说明书中。通常，一份权利要求书可以有一个技术主题，在符合单一性的情形下也可以有多个技术主题。

二、权利要求类型

依据专利保护对象的不同，权利要求可划分为产品权利要求和方法权利要求两种类型。

（一）产品权利要求

保护的是具体的物品，既包括有固定形状的单个产品，如零件、元件、装置、设备等，也包括由多个产品组成的系统，例如玉米联合收割系统、路口交通监控系统等，还包括没有固定形状的物质，例如化合物、组合物、药物制剂等。常见的产品权利要求有如下情形："一种茶杯，包括杯体、杯盖……""一种供电线路断线故障保护装置，包括稳压电路、三相电压取样电路……"。

（二）方法权利要求

保护的是具有时间过程要素的活动，如制造方法、使用方法、通讯方法、处理方法、安装方法等。上述方法中也有可能会涉及某些物品，例如原材料、部件等，但就类型而言仍然是方法权利要求，其要求保护的是方法本身，而不是保护其涉及的产品。常见的方法权利要求有如下情形："一种牛仔布的水洗方法，采用以下步骤：……""一种汽车尾气的净化方法，其特征在于采用如下步骤：……"。

需要注意的是：权利要求的类型是根据主题内容来确定的，产品与方法两者最明显的区别是有无时间过程要素，方法权利要求必须是关于方法步骤的技术特征。

三、权利要求撰写范式

权利要求从撰写形式上划分为独立权利要求和从属权利要求两种类型。独立权利要求，是从整体上反映技术方案，所限定的保护范围最宽。从属权利要求，是对所包含的另一项同类型权利要求中的技术方案作进一步限定，其保护范围落在其所引用的权利要求的保护范围之内。每份权利要求书必须至少有一个独立权利要求。

（一）独立权利要求的撰写

（1）独立权利要求应当包括前序部分和特征部分，按照下列规定撰写：

（2）前序部分：写明要求保护的发明或者实用新型技术方案的主题名称和发明或者实用新型主题与最接近的现有技术共有的必要技术特征；

（3）特征部分：使用"其特征是……"或者类似的用语，写明发明或者实用新型区别于最接近的现有技术的技术特征。这些特征和前序部分写明的特征合在一起，限定发明或者实用新型要求保护的范围。

发明或者实用新型的性质不适于用前款方式表达的，独立权利要求可以用其他方式撰写。

（二）从属权利要求书的撰写

从属权利要求应当包括引用部分和限定部分，按照下列规定撰写：

（1）引用部分：写明引用的权利要求的编号及其主题名称；

（2）限定部分：写明发明或者实用新型附加的技术特征。

从属权利要求只能引用在前的权利要求，是对所引用的权利要求技术方案作进一步限定。引用两项以上权利要求的从属权利要求，不得作为另一项从属权利要求的基础。

以"图书馆用多功能书架"为例：一种图书馆用多功能书架，包括支架和安装在支架上的多层托书板，其特征在于：位于支架中部的托书板底部设有写字板。该独立权利要求的前序部分是"一种图书馆用多功能书架，包括支架和安装在支架上的多层托书板"，既写明了要求保护的主题名称"一种图书馆用多功能书架"，同时写明了与最接近的现有技术共有的必要技术特征"包括支架和安装在支架上的多层托书板"。该独立权利要求的特征部分是"其特征在于：位于支架中部的托书板底部设有写字板"。特征部分通常采用"其特征……"或者类似的用语引出特征部分内容。

（三）权利要求撰写的其他形式要求

权利要求的撰写除了需满足上述要求外，还应当满足以下几方面的要求：

（1）权利要求书有一项以上权利要求的，应当用阿拉伯数字顺序编号。

（2）权利要求中使用的科技术语应当与说明书中使用的科技术语一致；权利要求中可以有化学式或者数学式，但是不能有插图，也不能使用"如说明书……部分所述"或者"如图……示"等类似用语。

（3）权利要求中的技术特征可以引用说明书附图中相应的标记，这些标记应当用括号括起来，放在相应的技术特征后面。

（4）权利要求中通常不允许使用表格。

（5）一项权利要求要用一句话表达，中间可以有逗号、顿号、分号，但只能有一个句号，以强调其不可分割的整体性和独立性。

（6）权利要求中包含有数值范围的，其数值范围尽量以数学方式表达，例如，"≥30℃"等。通常，"大于""小于""超过"等理解为不包括本数；"以上""以下""以内"等理解为包括本数，例如，"3 个以上"表示个数为"3 个及多于 3 个"，"超过 60"表示不含本数 60。

（7）权利要求保护的是产品和/或方法的技术方案，不保护"原理""功能"，所以权利要求书中不能出现关于"原理""功能"的描述性语言，如"基于……原理/理论"，"某部件起……作用""其功能为……""用于……"等。

四、权利要求书示例

权 利 要 求 书

1. 一种图书馆用多功能书架，包括支架（1）和安装在支架（1）上的多层托书板（2），其特征在于：位于支架（1）中部的托书板（2）底部设有写字板（3），写字板（3）的两侧设有导轨（4），对应于导轨（4），托书板（2）底部设有导槽（5），导轨（4）安装在导槽（5）内。

2. 按照权利要求 1 所述的图书馆用多功能书架，其特征在于：写字板（3）朝外的一端向下翻折，构成拉手（6）。

3. 按照权利要求 1 所述的图书馆用多功能书架，其特征在于：位于支架（1）中部的托书板（2）底部设有 1～3 块写字板（3）。

第四节 说明书

一、说明书概述

说明书是专利申请文件中最重要的文件之一，用于阐明发明或者实用新型的技术方案，起着向社会公开技术内容的作用。其具体要求如下：

（1）说明书应当对发明或者实用新型作出清楚、完整的说明，以所属技术领域的技术人员能够实现为准。也就是说，说明书应当满足充分公开发明或者实用新型的技术要求。

（2）说明书中要保持用词一致性。要使用该技术领域通用的名词和术语，不要使用行话，但以其特定意义作为定义使用的，不在此限。

（3）说明书应当使用国家法定计量单位，包括国际单位制计量单位和国家选定的其他计量单位。必要时可以在括号内同时标注本领域通用的其他计量单位。

（4）说明书中可以有化学式、数学式，但不能有插图，说明书的附图应当附在说明书后面。

（5）在说明书的题目和正文中，不能使用商业性宣传用语，例如，"最新式的……""世界名牌……"，不能使用不确切的语言，例如，"相当轻的……""……左右"等：不允许使用以地点、人名等命名的名称；商标、产品广告和服务标志等也不允许在说明书中出现。说明书中不允许存在对他人或他人的发明创造加以诽谤或有意贬低的内容。

（6）涉及外文技术文献或无统一译名的技术名词时要在译名后注明原文。

二、说明书组成及撰写要求

发明或者实用新型专利申请的说明书首先应写出发明名称，该发明名称应与请求书中的名称一致。说明书应当包括以下组成部分：技术领域、背景技术、发明或者实用新型内容、附图说明和具体实施方式。发明或者实用新型的说明书应当按照上述顺序撰写，并在每一部分前面写明标题。下面以实用新型"图书馆用多功能书架"为例具体说明。

（一）发明名称

发明或者实用新型的名称必须与请求书中的名称一致，应当清楚、简要、全面地反映要求保护的发明或者实用新型的主题和类型（产品或者方法）。发明名称一般不得超过 25 个字，特殊情况下可以允许 40 个字（如化学领域的某些申请）。发明名称应书写在说明书首页正文的上方居中位置。

（二）技术领域

技术领域是指发明或者实用新型直接所属或者直接应用的技术领域，而不是上位的或者相邻的技术领域，也不是实用新型本身。

（三）背景技术

申请人所了解到的对理解、检索和审查本发明创造有用或有关的背景技术，并且引证反映这些背景技术的文件。客观地指出背景技术存在的问题或不足。申请人首先要写明小标题"背景技术"，在这里引述的背景技术应当是就申请人所知与发明最接近的背景技术。此外，对背景技术存在的问题或不足不需要全面论述，仅需客观地指出背景技术中存在的主要问题，主要问题是指与发明所解决问题相关的且发明所能解决的问题。在指出背景技术所存在的问题时，切忌采用诽谤性语言。

（四）发明内容

发明内容包应当清楚、客观地写明要解决的技术问题，包括发明目的、技术方案、有益效果三方面内容。

（1）发明目的是指要解决的技术问题。针对现有技术中存在的缺陷或不足，用正面的、尽可能简洁的语言，客观而有根据地反映发明要解决的技术问题。

（2）技术方案。这部分记载的技术方案应当能够解决在"要解决的技术问题"中描述的那些技术问题。在技术方案这一部分，至少应反映包括全部必要技术特征的独立权利要求的技术方案，还可以给出包括其他附加技术特征的进一步改进的技术方案。技术方案内容应当与权利要求所限定的相应技术方案表述相一致。

（3）有益效果。该有益效果是由技术方案直接带来的，或者是由技术方案必然产生的效果，应当按照"因为……所以……"的思路详细描述有益效果的产生，使所属技术领域的技术人员能够信服，而不是空喊口号。

有益效果可以由生产率、质量、精度和效率的提高，能耗、原材料、工序的节省，加工、操作、控制、使用的简便，污染的治理，以及有用性能的出现等方面反映出来。

（五）附图说明

实用新型必须有附图。说明书有附图的，应对每一幅图作介绍性说明，一般用"图1是……""图2是……"的方式进行简要说明即可。

发明内容部分的注意事项：

（1）说明书文字部分中未提及的附图标记不得在附图中出现，附图中未出现的附图标记不得在说明书文字部分中提及。

（2）申请文件中表示同一组成部分的附图标记应当一致。

（3）说明书附图是独立文件，不属于说明书内容，不能放入说明书内，应集中排放在说明书文件之后。

（4）说明书无附图的，说明书文字部分则不应包含附图说明及相应的小标题。

（六）具体实施方式

"具体实施方式"是说明书的重要组成部分，对于充分公开发明或者实用新型的内容、支持和解释权利要求极为重要。

（1）实施例是对发明或者实用新型的优选实施方式的举例说明。当一个实施例足以支持权利要求所概括的技术方案时，说明书中可以只给出一个实施例。当权利要求尤其是独立权利要求覆盖的保护范围较宽，应当给出一个以上的不同实施例，以支持要求保护的范围。

（2）当权利要求相对于背景技术的改进涉及数值范围时，通常应给出两端值附近（最好是两端值）的实施例，当数值范围较宽时，还应当给出至少一个中间值的实施例。例如，某发明相对于现有技术的改进涉及温度数值范围，权利要求中相应的技术特征为"温度在 50~90℃ 的范围内"，此时，申请人在具体实施方式部分应当给出 50℃ 和 90℃ 附近（最好就是 50℃ 和 90℃ 两个端值）的实施例，以及一个中间温度值（如 70℃）的实施例。

（3）申请有附图的，应当对照附图对具体实施方式进行详细说明，这样便于所属技术领域的技术人员更加清楚地了解发明的具体内容。在说明书正文中对照附图描述具体实施方式时，使用的附图标记或者符号应当与附图中所示的一致，并放在相应的技术名称的后面，不加括号。例如，对涉及电路的发明，可以写成：电阻 3 的一端接三极管 4 的基极，三极管 4 的集电极经电容 5 接地，不得写成"3 通过 4 与 5 连接"。

（七）其他要求

除上文介绍的说明书各组成部分及其要求之外，说明书还应当满足用词规范、语句清楚的要求，无含糊不清或者前后矛盾之处，使所属技术领域的技术人员容易理解。基于此种考虑，说明书还应当满足下述形式要求：

（1）使用所属技术领域的技术术语，自然科学名词应采用国家规定的统一术语。没有规定的，可以使用所属领域约定俗成的术语或者最新出现的科技术语。例如，"老虎钳"可以认为是所属领域约定俗成的术语，但是局部地区的俗称不可以。例如，在某些地区将"花生"也称为"长生果"，但在撰写说明书时，需使用"花生"而不是"长生果"。

（2）说明书中的技术术语和符号应前后一致。例如，发明内容部分称为"锁定部件"，具体实施方式部分又将其称为"锁合装置"，技术术语前后不一致。

（3）说明书应使用中文，在不产生歧义的前提下个别词语可使用外文，但其含义对所属技术领域的技术人员来说必须是清楚的，不会造成理解错误。例如，用"CPU"表示中央处理器。

（4）说明书中涉及计量单位时，应采用国家法定计量单位。说明书中不可避免使用商品名称时，应注明其型号、规格、性能及制造单位，尽量避免使用注册商标来确定物质或者产品，例如用"海飞丝"确定洗发水。

三、说明书公开不充分的几种情形

（一）用功能代替技术方案

说明书中只给出任务和/或设想，或者只表明一种愿望和/或结果，而未给出任何使所属技术领域的技术人员能够实施的技术手段。

例如，一项有关风铃的发明，说明书仅记载了风铃装置的功能：具有音色能随气温上升而变高、随气温下降而变低的特征，但没有公开如何制造这种风铃，采用何种材料，风铃的结构是什么，如何实现音色随气温上升而变高、随气温下降而变低。

（二）技术手段含糊不清

说明书中给出了技术手段，但对所属技术领域的技术人员来说，根据说明书记载的内容无法具体实施。

例如，某申请的说明书公开了一种化工设备，改进在于在所述化工设备中装填了一种特殊的高效填料，但说明书并没有披露该种特殊的高效填料的成分，所属技术领域的技术人员根据说明书记载的内容无法实施该发明的技术方案。

（三）说明书中给出的技术手段有隐藏，使所属技术领域的技术人员采用该手段并不能实现技术目的

例如，某申请的说明书公开了一种治疗感冒的药物，说明书在描述药物组分时，申请人省去了治疗感冒的关键物质（如××）、欲将其作为技术秘密保留，使得所属技术领域的技术人员采用未包含××的技术方案，实现不了治疗感冒的技术目的。

四、说明书示例

说　明　书

图书馆用多功能书架

技术领域

本实用新型提供一种图书馆用多功能书架，属于书架技术领域。

背景技术

书架是图书馆最基本的放书用具，主要是由支架和安装在支架上的多层托书板构成。读者在看书或需要做笔记时，由于附近没有书桌作支撑，就很不方便。针对上述问题，目前已有改进的书架，如专利号为"CN201020616712.3"的"一种新型图书馆用书架"，特征是所述书架的边框内侧安装有水平的推拉式轨道，长方形翻板一边铰连在推拉式轨道上并能前后推拉，与推拉式轨道铰连的翻板边的相邻的一侧边通过折页安装有三角架。虽然改进后的书架很好地克服了传统图书馆书架功能单一的弊端，便于读者使用，但由于水平的推拉式轨道、长方形翻板均位于书架边框的内侧，这样就占据了托书板放置图书的空间，而且在有限的空间内进行操作并不是很方便。

实用新型内容

本实用新型的目的是提供一种能克服上述缺陷、方便读者读写、工作性能优良的图书馆用多功能书架。其技术内容为：

包括支架和安装在支架上的多层托书板，其特征在于：位于支架中部的托书板底部设有写字板，写字板的两侧设有导轨，对应于导轨，托书板底部设有导槽，导轨安装在导槽内，使得写字板能在导槽内推拉滑动。

所述的图书馆用多功能书架，写字板朝外的一端向下翻折，构成拉手，便于写字板的推拉。

所述的图书馆用多功能书架，位于支架中部的托书板底部设有1~3块写字板。

本实用新型与现有技术相比，优点是通过在位于支架中部的托书板底部设有可抽拉的写字板，读者看书时可以把书放在写字板上，做笔记时写字板可以起到书桌的作用，这样就大大完善了图书馆用多功能书架的功能。

附图说明

图1是本实用新型实施例写字板处于拉出状态的结构示意图；

图 2 是图 1 所示实施例中写字板处于回位状态的结构示意图。

图中：1. 支架　2. 托书板　3. 写字板　4. 导轨　5. 导槽　6. 拉手

具体实施方式

在图 1～图 2 所示的实施例中：包括支架 1 和安装在支架 1 上的多层托书板 2，位于支架 1 中部的托书板 2 底部设有 1 块写字板 3，写字板 3 的两侧设有导轨 4，安装在托书板 2 底部的导槽 5 内，使得写字板 3 能在导槽 5 内抽拉滑动。写字板 3 朝外的一端向下翻折，构成拉手 6，便于写字板 3 的推拉。

第五节　说明书附图及其要求

一、说明书附图概述

说明书附图是独立的一个部分，其作用在于用图形补充说明书文字部分的描述，使人能够直观地、形象化地理解发明的每个技术特征和整体技术方案。对于机械和电学技术领域中的专利申请，说明书附图的作用尤其明显。

实用新型专利申请必须有说明书附图。对于发明专利申请，有些技术内容描述可以没有附图，例如工艺、方法、药物组成等。但是，如果仅通过文字不足以清楚地表达，则应当有说明书附图。

二、说明书附图具体格式要求

（1）使用规定格式，一件专利申请有多幅附图时，表示同一技术特征的附图标记应当一致。例如，同一个"齿轮"部件，在图 1 中标注为"5"，在其他图中也应标注为"5"。

（2）说明书中未提及的附图标记不得在附图中出现，附图中未出现的附图标记也不得在说明书文字部分中提及。

（3）附图中除了必需的词语外，不应当含有其他的注释。例如："齿轮"。但对于流程图、框图一类的附图，应当在其框内给出必要的文字或符号。

（4）一件专利申请有多幅附图时，要按照图 1、图 2……的顺序排列。

（5）说明书附图应集中放在说明书文字部分之后。

三、说明书附图示例

说 明 书 附 图

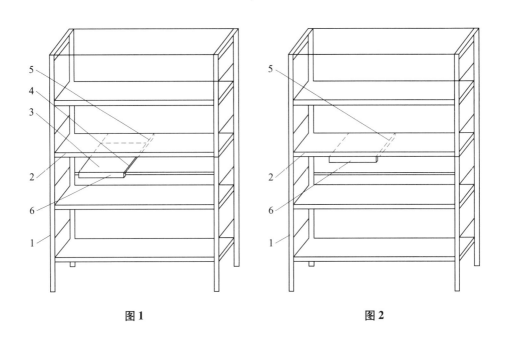

图1　　　　　　　　　　　图2

第六节　说明书摘要及摘要附图

一、说明书摘要

说明书摘要是说明书公开内容的概要，其目的是使有关人员迅速获知发明或实用新型的主要内容，便于有关人员进行文件检索或进行初步分类。说明书摘要的内容不属于原始公开的内容，不具有法律效力，不能作为以后修改说明书或者权利要求书的根据，也不能用来解释专利保护的范围。

说明书摘要应当写明发明或者实用新型的名称和所属技术领域，并清楚地反映所要解决的技术问题、解决该问题的技术方案的要点以及主要用途，其中以技术方案为主。摘要可以包括最能说明发明的化学式，不得使用商业性宣传用语。摘要文字部分（包括标点符号）不得超过 300 个字。

二、说明书摘要示例

说　明　书　摘　要

本实用新型提供一种图书馆用多功能书架，包括支架和安装在支架上的多层托书板，其特征在于：位于支架中部的托书板底部设有写字板，写字板的两侧设有导轨，对应于导轨，托书板底部设有导槽，导轨安装在导槽内，使得写字板能在导槽内抽拉滑动。本实用新型通过在位于支架中部的托书板底部设有可抽拉的写字板，读者看书时可以把书放在写字板上，做笔记时写字板可以起到书桌的作用，这样就大大完善了图书馆用书架的功能。

三、摘要附图

摘要附图，应当是说明书附图中最能说明发明或者实用新型技术方案的一幅附图。附图的大小及清晰度应当保证在该图缩小到 4 厘米 ×6 厘米时，仍能清晰地分辨出图中的各个细节。

需要说明的是：

摘要附图应当是说明书附图中最能展示技术方案的一幅。当没有说明书附图时（如一些关于工艺、方法等的发明专利申请），也就没有摘要附图。此外，摘要附图只有一幅，无须在图的下方写明附图序号。

四、摘要附图示例

摘　要　附　图

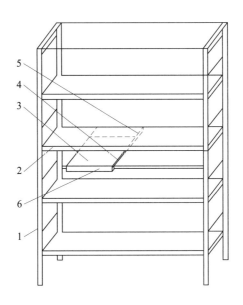

第七节　外观设计专利申请文件

一、外观设计申请提交的文件

《专利法》第 27 条第 1 款规定：申请外观设计专利的，应当提交请求书、该外观设计的图片或者照片以及对该外观设计的简要说明等文件。因此，请求书、图片或者照片以及简要说明是必要的申请文件，图片或者照片、简要说明是确定外观设计专利保护范围的重要文件。

（一）请求书

请求书是外观设计申请人向专利局表示请求授予外观设计专利的文件，与发明、实用新型专利的请求书的性质相同。由于外观设计很难命名，所以在请求书中应写明使用外观设计的产品及其所属类别。产品所属类别按专利局公布的外观设计产品分类表中的类别填写。

（二）外观设计图片或者照片

申请人应当就每件外观设计产品所需要保护的内容提交符合规定的图片或者照片。申请局部外观设计专利的，应当提交整体产品的视图，并用虚线与实线相结合或者其他方式表明所需要保护的内容。申请人请求保护色彩的，应当提交彩色图片或者照片。

1. 视图的名称

主要包括：主视图、后视图、左视图、右视图、俯视图、仰视图，必要时还应有剖视图、剖面图、使用状态参考图和立体图等。

2. 视图的数量

平面产品，设计要点涉及一个面的，可以仅提交该面正投影视图；设计要点涉及两个面的，应当提交两面正投影视图。

立体产品，设计要点涉及六个面的，应当提交六面正投影视图；设计要点仅涉及一个或几个面的，应当至少提交所涉及面的正投影视图和立体图，并应当在简要说明中写明省略视图的原因。例如，"后视图与主视图对称，省略后视图""左视图与右视图相同，省略左视图""仰视图不常见，省略仰视图"。

二、视图的制作要求

（1）外观设计图片的用纸规格应当与请求书的一致，应当使用国家知识产权局规定的统一格式。

（2）图片的大小不得小于 $3cm \times 8cm$，也不得大于 $15cm \times 2cm$。图片的清晰度应保证当图片缩小到 2/3 时，仍能清楚地分辨出图中的各个细节。

（3）图片可以使用包括计算机在内的制图工具和黑色墨水笔绘制，但不得使用铅笔、蜡笔、圆珠笔绘制。图形线条要均匀、连续、清晰，符合复印或扫描的要求。

（4）图形应当垂直布置，并按设计的尺寸比例绘制。横向布置时，图形上部应当位于图纸左边。

（5）图片应当参照我国技术制图和机械制图国家标准中有关正投影关系、线条宽度以及剖切标记的规定绘制，并以粗细均匀的实线表达外观设计的形状。不得以阴影线、指示线、虚线、中心线、尺寸线、点画线等线条表达外观设计的形状。可以用两条平行的双点画线或自然断裂线表示细长物品的省略部分。图面上可以用指示线表示剖切位置和方向、放大部位、透明部位等，但不得有不必要的线条或标记。图形中不允许有文字、商标、服务标志、质量标志以及近代人物的肖像。文字经艺术化处理可以视为图案。

（6）几幅视图最好画在一页图纸上，若画不下，也可以画在几张纸上。有多张图纸时应当顺序编上页码。各向视图和其他各种类型的图都应当按投影关系绘制，并注明视图名称。

三、简要说明

简要说明是外观设计专利申请的必要申请文件，用于解释图片或者照片所表示产品的外观设计，应当写明的内容如下。

（一）外观设计产品的名称

简要说明中的产品名称应当与请求书中的产品名称一致。如请求书中填写的产品名称为"电热水壶"，简要说明中应写明产品名称为电热水壶，而不能仅写为"水壶"。

（二）外观设计产品的用途

简要说明中应当写明外观设计产品的用途，有助于确定产品类别。

（三）外观设计的设计要点

设计要点是指与现有设计相区别的产品的设计要素或者部位。其中，设计要素指形状、图案及其结合，或者色彩与形状、图案的结合。设计要点应当简明扼要，不应具体描述产品的形状、图案、色彩。

（四）指定一幅最能表明外观设计的图片或者照片

明确指定一幅代表性图片或者照片，可以帮助专利审查员或者其他人准确理解设计的特征和差异。

四、实例

实例1：设计要点涉及一个面的平面产品——花布（蝶恋花）

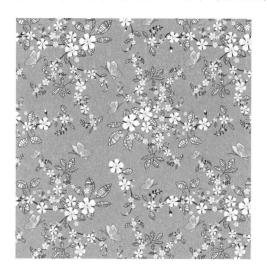

主视图

外 观 设 计 简 要 说 明

1. 本外观设计的产品名称为：花布（蝶恋花）；

2. 本外观设计的产品用途为：用作面料；

3. 本外观设计的产品的设计要点在于：花色图案；

4. 本外观设计的产品最能表明设计要点的图片为：主视图；

5. 请求保护色彩。

实例2：设计要点涉及多个面的立体产品——检查井。

外 观 设 计 图 或 照 片

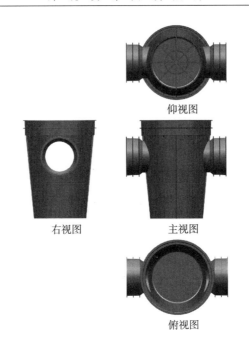

仰视图

右视图　　　　　主视图

俯视图

外 观 设 计 简 要 说 明

1. 本外观设计的产品名称为：检查井；

2. 本外观设计的产品用途为：用于连接各种管道的连接井，尤其是涉及一种埋在城市道路与住宅小区的地下的排水用的塑料检查井；

3. 本外观设计的产品的设计要点在于：加强筋呈环状分布于塑料检查井各个承口；

4. 本外观设计的产品最能表明设计要点的图片为：主视图；

5. 本外观设计产品的后视图与主视图对称，左视图与右视图对称，省略后视图和左视图。

实例3：符合单一性、设计要点涉及多个产品的组合产品——茶具（云水遥茶具）

在提交的视图中，应该给出一幅最能体现组合产品使用状态的参考图，然后给出每个套件的视图。每个套件的视图要求与实例2相同，在每幅视图的下方对应注明"套件1主视图，套件1俯视图，套件2主视图……"。本实例只是列出了部分视图。

CN 301821148 S　　　　　　外观设计图片或照片

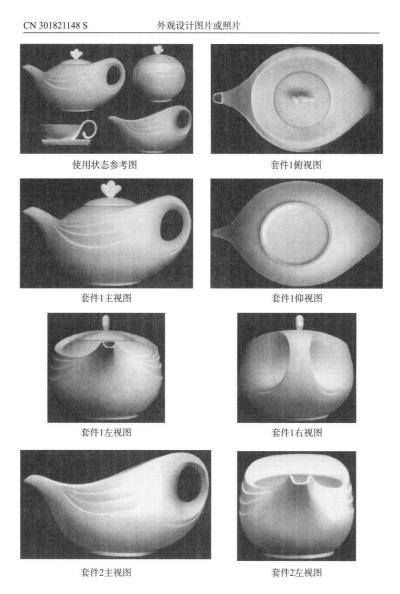

使用状态参考图　　　　　　套件1俯视图

套件1主视图　　　　　　套件1仰视图

套件1左视图　　　　　　套件1右视图

套件2主视图　　　　　　套件2左视图

外 观 设 计 简 要 说 明

1. 本外观设计的名称：茶具（云水遥茶具）。

2. 本外观设计产品为成套陶瓷茶具。

3. 本外观设计的设计要点：要求保护包括成套产品各个器型的形状和纹饰。

4. 本外观设计最能表明设计要点的照片为使用状态参考图。

5. 本外观设计套件 1 后视图与套件 1 主视图对称、省略套件 1 后视图。

6. 本外观设计套件 2 后视图与套件 2 主视图对称、省略套件 2 后视图。

7. 本外观设计套件 4 后视图、套件 4 左视图、套件 4 右视图与套件 4 主视图相同，省略套件 4 后视图、套件 4 左视图、套件 4 右视图。

8. 本外观设计套件 5 后视图与套件 5 主视图对称、省略套件 5 后视图。

9. 各套件所对应的产品名称：套件 1 为茶壶、套件 2 为茶缸、套件 3 为茶罐、套件 4 为茶杯、套件 5 为茶托。

思考与延伸

1. 外观设计实践：一个粉笔盒，粉笔盒的主视图、后视图、俯视图均有不同的设计要点（图案），左视图和右视图也有设计要点（图案），但左视图和右视图图案相同，仰视图无设计要点。不考虑粉笔盒与已有公开产品的相同、相似性，各视图的图案自由设计，整理一套完整的外观设计申请资料。

2. 发明专利申请实践：结合身边事情，或者自己/团队的研究内容，整理一套完整的发明专利申请资料，要求：申请人为个人，发明人 2 位。

3. 说明书修改实践：以下是一份实用新型说明书草稿，请按照本章第四节说明书撰写要求，完成说明书的修改。

说 明 书

一种新型起钉锤

技术领域

本实用新型涉及一种起钉锤。

背景技术

在日常生活中，羊角起钉锤是一种非常实用的工具。羊角起钉锤一般由锤头和锤柄组成，其锤头具有两个功能，一是用来钉钉子，二是用来起钉子。现有的起钉锤在起钉子时是通过锤头的中部作为支点，受力支点与力臂长度是固定的。当钉子拔到一定高度后，由于羊角锤的长度有限，受力支点不能良好起作用，力矩太小，导致很长的钉子很难拔出来。

实用新型内容

为了克服现有羊角起钉锤的不足，本实用新型提供一种锤身长度可以加长的起钉锤，该起钉锤不仅能克服很长的钉子无法拔出来的不足，而且使用更加省力、方便、快捷。

附图说明

图1是本实用新型起钉锤的结构示意图。

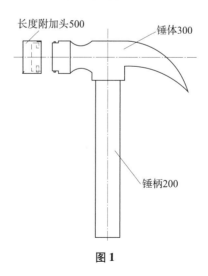

长度附加头500   锤体300

锤柄200

图 1

具体实施方式

如图1所示，该起钉锤包括锤柄200、锤体300和长度附加头500。锤体300一端设置有锤头，另一端设置有起钉翼。

长度附加头 500 为一圆柱形附加头，其直径与锤头直径相同。所述长度附加头 500 与锤体 300 的锤头采用卡扣的方式连接在一起。使用时，如果需要起长钉，则将长度附加头 500 安装在锤体 300 上，从而增加起钉锤的锤身长度。

4. 某项发明涉及一种供盲人使用的反光安全探路手杖。该探路手杖对现有盲人探路工具的改进是在探路手杖外表涂以反光涂料并装有反光物体，当有光线照射时可以产生明显反光，从而使盲人在夜晚行走时的人身交通安全得到保障。该发明提出申请的权利要求书撰写如下。

请问在下述权利要求均得到说明书支持的情况下，哪些权利要求撰写上存在错误？

权　利　要　求　书

1. 一种盲人用探路手杖，包括杖杆、弯手把，其特征在于杖杆外表涂以反光涂料并装有反光物体。

2. 根据权利要求 1 所述的盲人用探路手杖，其特征是杖杆外表的中部可装有反光物体。

3. 根据权利要求 2 所述的盲人用探路手杖上的反光物体，其特征是其形状为圆柱形或多棱形。

4. 根据权利要求 1 所述的盲人用探路手杖，其特征是所述涂在杖杆上的反光涂料至少有两种颜色。

第四章　专利申请及审批流程

 教学要点

　　一项发明创造完成后要取得专利权，必须由申请人依照规定的方式向国家知识产权局提出专利申请。国家知识产权局受理后，经过法律规定的一系列审批程序，最终决定是否授予申请人专利权。通常所说的审批程序，就是指从专利申请的受理开始到专利申请获得最终审查结论的全部法律程序。

　　本章要点具体包括：专利申请原则，专利审批流程，专利申请的受理，专利申请的审查流程，PCT 国际申请，重点是掌握专利电子申请以及专利申请、审批流程涉及的实务内容。

 案例

判断对错

　　下面是关于实用新型专利申请的描述，判断对错：（1）申请材料缺少说明书附图，不影响实用新型的受理；（2）在初步审查中，专利局对其是否明显不具备创造性进行审查；（3）属于一个总的发明构思的两项以上的实用新型，可以作为一件实用新型专利申请提出；（4）对于不需要补正就符合初步审查要求的实用新型专利申请，专利局可以直接作出授予实用新型专利权的决定。

第一节　专利申请原则

　　一项发明创造，申请人要想取得专利权，必须向专利局提出申请，由其进行审查决定是否授予申请人专利权。在专利申请过程中，申请人和专利局都应共同遵守专利申请原则，具体如下。

一、书面申请原则

"书面形式"是指《专利法》规定的各种手续应当以书面形式办理，具体包括电子形式和纸件形式，专利局规定的其他形式除外。纸件形式提交的各种文件，经过专利局转换为电子形式文件记录在电子系统数据库中，具有原纸件形式文件同等的效力。

需要注意的是：

（1）书面形式申请并非狭义上的"纸质申请"，而是指专利申请人在专利申请中的各种申请文件及手续，均应以专利局规定的形式办理，如文件的格式、文字的字体与字号、页边距、附图的绘制等。以口头、电话、实物等形式办理的各种手续，均视为未提出，不产生法律效力。

（2）以电子形式提交专利申请和各种文件的，以专利局电子系统收到之日为递交日。向专利局邮寄的各种文件，以寄出的邮戳日为递交日；邮戳日不清晰的，除当事人能够提交证明外，以专利局收到日为递交日。

（3）纸件形式提交的专利申请，申请人有2人以上且未委托专利代理机构的，除请求书中另有声明外，以请求书中指明的第一申请人为代表人。电子形式提交的专利申请，申请人有2人以上且未委托专利代理机构的，以提交电子形式专利申请的申请人为代表人。

（4）申请人以纸件形式提出专利申请并被受理的，在审批程序中应当以纸件形式提交相关文件。除另有规定外，申请人以电子文件形式提交的相关文件被视为未提交。

（5）申请人以电子文件形式提出专利申请并被受理的，除另有规定外，在审批程序中应当通过电子文件形式提交相关文件。不符合规定的，该文件被视为未提交。

二、单一性原则

单一性，是指一件专利申请内容应当限于一项发明、一项实用新型或者一项外观设计，不允许将两项不同的发明或者实用新型放在一件专利申请中，也不允许将一种产品的两项外观设计或者两种以上产品的外观设计，放在一项外观设计专利产品中提出。但是下列情形在《专利法》中也视同符合单一性，允许放在一件专利申请中提出，即进行合案申请。

（一）发明和实用新型专利申请的单一性

《专利法》第 31 条第 1 款规定："属于一个总的发明构思的两项以上的发明或者实用新型，可以作为一件申请提出。"进一步地，如果一件申请包括几项发明或者实用新型，只要这几项发明或者实用新型之间具有单一性，就可以作为一项专利申请提出。

属于一个总的发明构思的两项以上发明的权利要求，具体包括以下六种情形。

（1）不能包括在一项权利要求内的两项以上产品或者方法的同类独立权利要求。

例如：

权利要求 1：一种防滑梯子，特征为 A。

权利要求 2：一种防滑梯子，特征为 B。

权利要求 3：一种防滑梯子，特征为 A 和 B。

（2）产品和专用于制造该产品的方法的独立权利要求。

例如：

权利要求 1：一种不粘锅，其特征在于 A、B 和 C。

权利要求 2：一种不粘锅的制造方法，该方法包括步骤 X、Y 和 Z。

（3）产品和该产品的用途的独立权利要求。

例如：

权利要求 1：一种化合物 X。

权利要求 2：化合物 X 作为杀虫剂的应用。

（4）产品、专用于制造该产品的方法和该产品的用途的独立权利要求。

例如：

权利要求 1：一种化合物 X。

权利要求 2：一种制备化合物 X 的方法。

权利要求 3：化合物 X 作为杀虫剂的应用。

（5）产品、专用于制造该产品的方法和为实施该方法而专门设计的设备的独立权利要求。

例如：

权利要求 1：一种燃烧器。

权利要求 2：一种制造燃烧器的方法。

权利要求 3：一种制造燃烧器的设备。

（6）方法和为实施该方法而专门设计的设备的独立权利要求。

例如：

权利要求 1：一种制造方法，包括步骤 A 和 B。

权利要求 2：为实施步骤 A 而专门设计的设备。

（二）外观设计专利申请的单一性

根据《专利法》第 31 条第 2 款的规定，用于同一类别并且习惯于成套出售或者使用的产品的两项以上外观设计，也可以作为一件申请提出。其中成套产品是指由两件以上（含两件）属于同一大类、各自独立的产品组成，各产品的设计构思相同，其中每一件产品具有独立的使用价值，而各件产品组合在一起又能体现出其组合使用价值的产品。如由茶壶、茶杯、茶缸组成的成套茶具，由汤碗、碟子、饭碗、汤匙组成的成套餐具等。

三、先申请原则

先申请原则是指两个以上申请人分别就同一发明、实用新型或者外观设计申请专利的，专利权授予最先申请的人。倘若同一申请人同日对同样的发明创造既申请了实用新型专利又申请了发明专利，在先获得的实用新型专利权尚未终止且申请人声明放弃该实用新型专利权的，可以授予发明专利权。此外，《专利法实施细则》第 41 条规定："两个以上的申请人同日分别就同样的发明创造申请专利的，应当在收到国务院专利行政部门的通知后自行协商确定申请人。"此处的"同日"指的是：有优先权的，选择优先权日；没有优先权的，选择申请日。

由于我国实行先申请原则，所以申请日的确定十分重要。《专利法实施细则》第 4 条规定："向国务院专利行政部门邮寄的各种文件，以寄出的邮戳日为递交日；邮戳日不清晰的，除当事人能够提出证明外，以国务院专利行政部门收到日为递交日。"实行先申请原则，可以促使发明人及时提出专利申请，促进专利技术的推广应用。

有少数国家采用的是先发明原则，它是指两个以上申请人分别就同一发明创造申请专利的，专利权授予最先作出发明的人。相对于先发明原则，先申请原则有利于促进发明人在完成发明后尽早申请专利，早申请就会早公开，以便公众能够尽早得到最新的技术信息，避免重复研究，并可以在已有技术的基础上从事新的发明创造，同时也可避免谁先作出发明的举证困难问题。

四、优先权原则

优先权是专利申请人自首次提出申请后，又就同样专利或主题在一定时间内提出申请时享有的依首次申请日进行审查的一种权利。申请人在一件专利申请中，可以要求一项或者多项优先权；要求多项优先权的，该申请的优先权期限从最早的优先权日起计算。优先权源于《巴黎公约》，根据其规定，在申请专利时，各成员国要相互承认对方国家国民的优先权。

（一）国外优先权

《专利法》第 29 条第 1 款规定："申请人自发明或者实用新型在外国第一次提出专利申请之日起十二个月内，或者自外观设计在外国第一次提出专利申请之日起六个月内，又在中国就相同主题提出专利申请的，依照该外国同中国签订的协议或者共同参加的国际条约，或者依照相互承认优先权的原则，可以享有优先权"。

（二）国内优先权

《专利法》第 29 条第 2 款规定，申请人自发明或者实用新型在中国第一次提出专利申请之日起 12 个月内，或者自外观设计在中国第一次提出专利申请之日起 6 个月内，又向国务院专利行政部门就相同主题提出专利申请的，可以享有优先权。

发明或者实用新型专利申请的申请人要求本国优先权，在先申请是发明专利申请的，可以就相同主题提出发明或者实用新型专利申请；在先申请是实用新型专利申请的，可以就相同主题提出实用新型或者发明专利申请。外观设计专利申请的申请人要求本国优先权，在先申请是发明或者实用新型专利申请的，可以就附图显示的相同主题提出外观设计专利申请；在先申请是外观设计专利申请的，可以就相同主题提出外观设计专利申请。但是，提出后一申请时，在先申请的主题有下列情形之一的，不得作为要求本国优先权的基础：

（1）已经要求外国优先权或者本国优先权的；

（2）已经被授予专利权的；

（3）属于按照规定提出的分案申请的。

申请人要求本国优先权的，其在先申请自后一申请提出之日起即视为撤回，但外观设计专利申请的申请人要求以发明或者实用新型专利申请作为本国优先权基础的除外。

五、国际申请原则

专利的国际申请，是指依据《专利合作条约》（简称 PCT）提出的专利申请。我国于 1994 年加入了 PCT，中国单位或者个人可以根据 PCT 提出专利国际申请，专利局也依照我国参加的 PCT、《专利法》和国务院有关规定处理专利国际申请。此外，《专利法》第 20 条第 1 款规定，任何单位或者个人将在中国完成的发明或者实用新型向外国申请专利的，应当事先报经国务院专利行政部门进行保密审查。

第二节　专利申请审批流程

依据《专利法》，发明专利申请的审批程序包括受理、初审、公布、实审以及授权五个阶段。实用新型或者外观设计专利申请在审批中不进行早期公布和实质审查，只有受理、初审和授权三个阶段。

发明、实用新型和外观设计专利的申请、审批流程如图 2-4-1 所示。

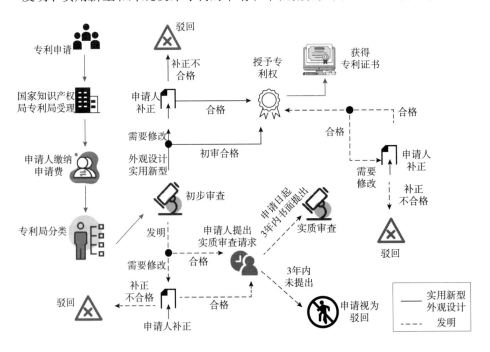

图 2-4-1　专利的申请、审批流程

第三节 专利申请的受理

专利申请的受理机构是专利局。除此以外，专利局还在全国多个省市设立专利代办处，接收和受理申请人以纸件形式提交的专利申请和其他文件。若专利申请涉及国防利益需要保密的，由国防专利机构受理并进行审查。

一、专利申请受理标志

专利申请的受理是一个重要的法律程序，申请日的确定和申请号的给出是专利申请被受理的标志。

专利申请受理是专利局接收申请人提交专利申请文件及其他文件，并依据《专利法》及其实施细则对专利申请是否符合受理条件进行审查并处理。对于符合受理条件的申请，应确定申请日、给予申请号，并在核实文件清单后，发出"专利申请受理通知书""缴纳申请费通知书"等，通知申请人。申请人在收到通知书后，应当确认通知书中的文件清单是否有误，并按通知书中的规定缴纳费用。

该申请被公布后，将阻止任何在该申请日以后就同样内容申请专利的申请人获得专利权。

二、文件提交方式

根据《专利法实施细则》的规定，申请人或者当事人办理各种手续，应当以书面形式或者专利局规定的其他形式进行。目前申请人文件提交方式有两种：

（1）纸件申请，即按照专利局规定格式打印的纸件，以当面递交或者挂号邮寄方式交付专利局设立的受理处或专利代办处。

（2）电子申请，以互联网为传输媒介，将专利申请文件以符合规定的电子文件形式向国家知识产权局提出的专利申请。目前，专利电子申请已经成为主流申请方式。

三、申请日的确定

专利局收到申请文件后，将进行专利申请的受理条件审查，符合受理条件的，将会确定申请日、给出申请号，申请日是专利申请程序和实体中的一个极其重要的时间起点。

（一）纸件申请

向专利局受理处或者代办处窗口直接递交的专利申请，以收到日为申请日；通过邮局邮寄递交到专利局受理处或者代办处的专利申请，以信封上的寄出邮戳日为申请日；寄出的邮戳日不清晰无法辨认的，以专利局受理处或者代办处收到日为申请日。

（二）电子申请

申请人提出电子专利申请的，以专利局专利电子申请系统收到符合《专利法》及其实施细则规定的专利申请文件之日为申请日。

四、关于申请号

申请号是给予每一件被受理的专利申请的代码，它与专利申请一一对应。申请号是申请人在提出申请之后向专利局办理各种手续时，指明该申请的最有效手段。

在 2003 年 10 月 1 日前，我国专利申请号由 9 位数字（包括字符）组成。例如 90101735.4，其中前 2 位表示提交专利申请的年份，如"90"表示 1990 年提出的申请。第 3 位数字表示专利申请的种类，"1"表示发明；"2"表示实用新型；"3"表示外观设计；"8"表示 PCT 国际申请进入国家阶段的发明专利申请；"9"表示 PCT 国际申请进入国家阶段的实用新型专利申请。PCT 国际申请没有外观设计申请。第 4～8 位阿拉伯数字表示流水号，如"01735"表示当年第 1735 件专利申请。第 9 位数字或符号是计算机校验位，它可以是 0～9 任一数字，也可以是字符 X。上例中的"4"是校验位。在第 8 位和第 9 位阿拉伯数字之间有实心圆点作为分隔符。

从 2003 年 10 月 1 日起，我国专利申请号改为 13 位（包含校验位），其中前 4 位阿拉伯数字表示年代，第 5 位阿拉伯数字表示专利申请种类，第 6～12 位阿拉伯数字表示流水号，第 13 位阿拉伯数字表示校验位，在第 12 位和第 13 位阿拉伯数字之间有实心圆点作为分隔符。

专利局发出的受理通知书上都明确写有申请日和申请号。

五、专利申请受理通知书

（一）受理通知书的主要作用

（1）正式确认申请人提交的专利申请符合受理条件，作出予以受理的决定，所以受理通知书可以作为曾向国家知识产权局专利局提出某项专利申请的一种证明。

（2）将国家知识产权局专利局确定的申请日和授予的申请号通知该项专利申请的申请人。这对申请人办理以后的各种手续十分重要。

（3）受理通知书中记载有经国家知识产权局专利局核实的申请文件清单。这是申请人向国家知识产权局专利局提交了哪些文件的证明。

（二）受理通知书的法律效力

专利受理是一项重要的法律程序。专利申请被受理以后，从受理之日起就成为在国家知识产权局专利局正式立案的一件正规国家申请，并且至少将产生以下的法律效力。

（1）阻止申请日以后就同样内容的申请专利的申请人获得专利权。

（2）除法律另有规定外，该申请可以作为相同主题的另一件申请在一定期限内要求优先权的基础。

（3）该申请文件是申请人在后续审查程序中进行修改的基础。申请人对专利申请的修改不得超出受理时的说明书和权利要求书记载的范围，或者超出受理时的外观设计图片或者照片的范围。

六、专利电子申请

国家知识产权局电子申请系统于 2004 年 3 月正式开通，网址：https：//cponline.cnipa. gov. cn/，具体操作见"专利办理系统"中的内容介绍。

（一）电子申请客户

申请人欲通过电子文件形式提交专利申请，首先要成为电子申请客户，电子申请客户是指已经与专利局签订电子专利申请系统用户注册协议（以下简称"用户注册协议"），办理了有关注册手续，获得用户代码和密码的申请人和专利代理机构。

电子申请用户注册方式包括当面注册、邮寄注册和网上注册。办理电子申请用户注册手续应当提交电子申请用户注册请求书、签字或者盖章的用户注册协议一式两份以及用户注册证明文件，不需要缴纳费用。

电子申请用户注册请求书应当采用专利局制定的标准表格，请求书中应当写明注册请求人姓名或者名称、类型、证件号码、国籍或注册地、经常居所地或营业所所在地、详细地址和邮政编码，注册请求人是单位的，请求书中还应当写明经办人信息。注册请求人是个人的，应当提交由本人签字或者盖章的居民身份证件复印件或者其他身份证明文件；注册请求人是单位的，应当提交加盖单位公章的企业营业执照或者组织机构证复印件、经办人签字或者盖章的身份证明文件复印件；注册请求人是专利代理机构的，应当提交加盖专利代理机构公章的专利代理机构注册证复印件、经办人签字或者盖章的身份证明文件复印件。

注册材料经审查合格的，专利局应当向注册请求人发出电子申请注册请求审批通知书和一份经专利局盖章的用户注册协议，并给出用户代码。当面注册的，由注册请求人当面设定密码；邮寄注册的，应当在电子申请注册请求审批通知书中告知注册请求人密码；网上注册的，由申请人在提出注册请求时预置密码。

（二）提交申请的要求

电子申请的申请人应当按照规定的文件格式、数据标准、操作规范和传输方式提交电子申请文件。符合规定的，电子专利申请系统会发出文件接收情况的电子申请回执；不符合规定的，不予接收。

（三）申请的受理

电子申请由国家知识产权局专利局电子申请受理部门负责受理。

电子申请系统支持 XML、WORD、PDF 三种文件格式的提交，接收发明、实用新型、外观设计专利申请以及进入国家阶段的国际申请，不接收保密专利申请文件。更多说明参考电子申请相关规范，具体参见国家知识产权局网站"专利业务办理系统"中的相关模块。

第四节　专利申请的审查流程

一、初步审查

专利申请的各项文件符合格式要求且按照规定缴纳了申请费，则自动进入初步审查阶段。

（一）目的和作用

专利申请的初步审查是在专利申请被受理并且申请人在规定的期限内缴足申请费后进行的。通过初步审查程序，申请人可以采用补正的方式来消除申请文件中不符合《专利法》及其实施细则的形式问题，以满足公布出版的要求。对于无法克服的缺陷及不属于专利保护范围的申请，将在初审阶段被驳回，从而节省申请人的时间和精力，同时也节约了审查资源。此外，在初步审查阶段，审查员会对申请人提交的与专利申请有关的手续类文件进行审查，使得这些文件符合《专利法》及其实施细则的规定，从而保证手续办理的合法性和有效性。

（二）范围和内容

专利申请的初步审查主要包括专利申请文件和其他文件的形式审查、明显实质性缺陷的审查、与专利申请有关的手续和文件的审查以及相关费用的审查。

1. 专利申请文件的形式审查

在初步审查阶段，主要进行的是形式审查，涉及实质内容的审查不属于初步审查的范围。形式审查是指对发明人、申请人的资格，申请人所委托的代理机构和代理师的资格、申请人递交的与申请相关的各种文件的格式、文字和附图或者图片是否符合出版的要求进行的审查。

2. 专利申请文件的明显实质性缺陷审查

明显实质性缺陷审查是发明专利初步审查阶段的一项重要审查内容，主要指根据法律规定对某些发明创造明显不属于《专利法》规定的保护范围或者明显违反法律、社会公德和妨碍公共利益、公共秩序等内容的审查。

3. 其他文件的形式审查

主要指专利审批流程中的事务处理，即对专利申请手续以及与文件、手续相关事务进行的审查。

4. 有关费用的审查

包括专利申请是否按照《专利法实施细则》第 93 条、第 95 条、第 96 条、第 99 条的规定缴纳了相关费用。

5. 期限监视

初步审查中，还包括对《专利法》及其实施细则中规定的或专利局指定的各种期限的监视，以及对逾期的处理。例如，申请人是否在规定期限内提交了在先专利申请文件副本、申请人是否在补正通知期限内提交了补正文件等。

（三）初审结局

专利申请初步审查的结局包括以下六种。

1. 初审合格

经初步审查，对于专利申请文件符合《专利法》及其实施细则有关规定并且不存在明显实质性缺陷的专利申请，包括经过补正符合初步审查要求的专利申请，应当认为初步审查合格。专利局发出专利申请初步审查合格通知书，在通知书中指明公布所依据的申请文本。

2. 视为撤回

初步审查中，如果专利申请文件存在形式问题，专利局对该缺陷发出补正通知书，但申请人未在规定期限内对该补正通知书进行答复，或逾期提交补正文件，则该申请将被视为撤回。同样，如果专利申请文件存在明显实质性缺陷，专利局发出审查意见通知书，而申请人未在规定期限内答复或答复逾期，该申请也会被视为撤回。

3. 主动撤回

主动撤回程序是由申请人提出的，即如果申请人主动提交"撤回专利申请声明"，经审查符合规定的，专利局将发出手续合格通知书，审查程序终止。如果申请人提交的手续不符合规定，则专利局会发出视为未提出通知书，审查程序继续。

4. 驳回

当专利申请文件存在明显实质性缺陷，申请人收到审查意见通知书后，可以陈述意见或进行修改，但修改不得超出原始申请的范围。如果申请人的陈述或修改后的文件仍未消除该缺陷，则专利局将作出驳回决定。

5. 分案视为未提出

对于分案申请，申请人最迟应当在收到专利局对原申请作出授予专利权 2 个月内提出分案申请。如果分案申请的递交时间不符合以上要求，该分案申请将被视为未提出。

6. 在先申请的撤回

对于要求本国优先权的申请，在后申请成立时，在先申请自在后申请提出之日起视为撤回。同一般的视为撤回不一样的是，该种情况下的视为撤回不能办理恢复手续，被撤回的在先申请的审查程序终止。

二、公告

发明专利申请从发出"初审合格通知书"起就进入等待公布阶段。申请人请求提前公布的，则申请立即进入公布准备程序。没有请求提前公布的，自申请日起满 18 个月进行公布。

三、实质审查

发明专利申请公布以后，如果申请人提出实质审查请求并已缴纳了实质审查费，国家知识产权局专利局将发出进入实质审查程序通知书，申请同时也进入实质审查程序。从申请日起满 3 年，申请人未提出实质审查请求的，该申请即被视为撤回。

进入实质审查程序的申请将按照进入实质审查程序的先后排队等待实审。在实质审查中，审查员将在检索的基础上，对专利申请是否具备新颖性、创造性、实用性以及《专利法》规定的其他实质性条件进行全面审查。经审查，认为不符合授权条件或者存在各种缺陷的，国家知识产权局专利局会通知申请人在规定的时间内陈述意见或进行修改。申请人逾期不答复的，专利申请将被视为撤回。经过至少一次答复或修改后，专利申请仍不符合要求的，予以驳回。

发明专利申请在实质审查中未发现驳回理由的，或者经申请人修改和陈述意见后消除了缺陷的，专利申请按规定进入授权准备阶段。

四、授权

实用新型和外观设计专利申请经初步审查，发明专利申请经实质审查未发现驳回理由的，国家知识产权局专利局发出"授权通知书"和"办理登记手续通知书"。

申请人接到授权通知书和办理登记手续通知书以后，应当在 2 个月之内按照通知的要求办理登记手续并缴纳规定的费用。逾期未按规定办理登记手续的，视为自动放弃取得专利权的权利。

第五节　PCT 国际申请

一、PCT 国际申请概念

WIPO 于 1970 年在美国华盛顿签订了《专利合作条约》（PCT），我国在 1994 年正式成为 PCT 成员国。根据 PCT 规定，成员国的国民或居民在一个成员国专利局提交并被受理的专利申请（也称 PCT 国际申请），视同申请人在指定的其他成员国也同日提出了专利申请。但是，PCT 只是简化了国际申请专利的手续，申请能否被授予专利权，仍然由各国专利局根据本国专利法的规定进行审批。

通过 PCT 途径只可以申请发明专利和实用新型专利，不包括外观设计专利。

二、PCT 国际申请流程

PCT 国际申请涉及的主要程序包括：国际申请的申请和受理、国际检索和国际初步审查、国际申请进入国家阶段、国家阶段的初步审查、国家阶段的实质审查等。

（一）国际申请的申请和受理

国际申请的专利申请文件包括请求书、说明书、权利要求书、附图（需要时）和摘要。向中国国家知识产权局提交的 PCT 国际专利申请文件应当使用中文或英文填写和撰写。受理局以收到国际申请之日作为其国际申请日，并给出国际申请号，将该国际申请受理。申请人应当在自受理局收到国际申请之日起 1 个月内缴纳国际申请费、检索费等费用。

申请人在中国国家知识产权局提出国际申请有两种方式：

（1）首先向中国国家知识产权局提出国家专利申请，然后在 12 个月的优先权期限内再提出国际申请。由于国家专利申请的手续比较简单，费用也比较少，所以采用该方式先获得优先权日比较可取。申请人可以利用 12 个月期限筹集费用、准备指定国的申请资料等。

（2）直接向中国国家知识产权局提出国际申请。

（二）国际检索和国际初步审查

国际检索以国际申请的权利要求为基础，可以适当考虑说明书和附图内容，出具检索报告，列出相关的对比文献。国际初步审查是一个可选程序，应申请人的要求而启动，主要目的是判断请求保护的发明创造是否具有新颖性、创造性和实用性，确认申请文件是否存在形式和内容方面的缺陷。国际初步审查对指定局没有约束力，对申请人有参考作用：辅助判断获得专利权可能性，决定是否进一步完善或者是否进入国家阶段。

（三）国际申请进入国家阶段

国际申请的国际阶段程序完成之后，申请人必须按照各指定国的规定履行进入国家阶段的行为。该国际申请进入国家阶段的进入程序应当事人的请求而启动。该程序的启动应当满足请求、期限和缴纳费用三方面的条件。申请人应当向指定局提交进入国家阶段声明以及国际申请的译文，以此来表明该国际申请进入指定局或选定局国家阶段的愿望。

该国际申请进入国家阶段的请求一旦被接受，则其后在该国家的专利程序基本上与本国普通专利申请的程序相同。此部分内容略。

思考与延伸

1. 如何理解专利的书面申请原则？

2. 如何理解专利申请的单一性原则？

3. 简述国外优先权和国内优先权的区别。

4. 什么是国际申请？

5. 专利申请日有什么效力？

6. 如何通过申请号识别专利类型？

7. 简述受理通知书的法律效力。

8. 专利申请的初步审查有哪些结局？

9. 通过 PCT 途径可以获得的保护类型有哪些？

10. 简述成为专利电子申请客户的实践（参照国家知识产权局网站介绍）。

第五章 专利申请要务及常见实务

教学要点

具体包括：专利申请文件的修改及补正，审查意见答复，著录项目变更，专利费用缴纳，专利申请文件的撤回，优先权的申请，延迟审查请求，专利申请的复审，专利权的无效宣告。上述要务或者实务都是在专利申请或专利管理中经常遇到的问题，一旦操作不当就会导致撤回、终止或产生滞纳金等后果，这些是专利申请或专利管理中必须掌握的基本技能。

案例

"瓦斯净化器"之争

赵某曾任某铜矿科技处工程师，专门负责坑道消烟除尘研究工作，2018年10月退休。2019年11月，赵某利用过去工作中积累的经验，研究出"瓦斯净化器"，后在某煤矿坑道中进行试验使用，效果极佳，于是赵某与该煤矿合作生产了20台，分别在该煤矿和自己工作过的铜矿投入了生产使用。考虑到"瓦斯净化器"有良好的市场前景，赵某将"瓦斯净化器"技术申请专利，并获得批准。

1. 铜矿认为赵某的开发是使用其工作期间积累的资料完成的，所以应属于职务发明。铜矿的请求是否能够成立？为什么？

2. 赵某考虑自己是铜矿的老职工，取得的工作成绩离不开单位的支持，所以与铜矿自行协商，将专利技术交由铜矿所有。赵某转让专利技术的行为是否有效？为什么？

3. 煤矿也介入了这场争议，提出：赵某净化器在试验时，利用了煤矿一定的人力、物力，所以，该专利技术应由煤矿与赵某共有。煤矿要求共享专利权的主张是否成立？为什么？

4. 煤矿的领导认为这场纠纷必须依靠法律解决。但代理律师提出：赵某专利在审查中有不符合法定条件的情况，可以向专利局提出宣告专利权无效的申请。你如果作为律师，该如何处理上述问题，并简要说明理由。

第一节　专利申请文件的修改及补正

一、修改的基本要求

《专利法》第 33 条规定，申请人可以对其专利申请文件进行修改，但是，对发明和实用新型专利申请文件的修改不得超出原说明书和权利要求书记载的范围。换而言之，专利申请提出后不允许增加或者改变申请的内容，否则将违背先申请原则。这个基本要求贯穿于整个专利审批过程中的每个阶段。如果申请的内容通过增加、改变或删除其中的一部分，致使所属技术领域的技术人员看到的信息与原申请公开的信息不同，而且又不能从原申请公开的信息中直接地、毫无疑异地导出，这种修改是不允许的。

例如，增加新的技术内容、补充实施例、改变或删除技术特征后发明变成了另一项不能从原说明书和权利要求书中导出的发明，这样的修改都属于超出原说明书和权利要求书记载范围的修改，都是不允许的。

二、申请人的主动修改

专利申请提出后，如果申请人认为需要对申请文件进行修改，可以在规定的时间内提出。按照《专利法实施细则》第 51 条第 1 款的规定，发明专利申请人在提出实质审查请求时以及在收到专利局发出的发明专利申请进入实质审查阶段通知书之日起的 3 个月内，可以对发明专利申请主动提出修改。

对权利要求书的修改主要包括：通过增加或变更独立权利要求的技术特征，或者通过变更独立权利要求的主题类型或主题名称以及相应的技术特征，来改变该独立权利要求请求保护的范围；增加或者删除一项或多项权利要求；修改独立权利要求，使其相对于最接近的现有技术重新划界；修改从属权利要求的引用部分，改正其引用关系，或者修改从属权利要求的限定部分，以清楚地限定该从属权利要求请求保护的范围。

对于说明书的修改，主要有两种情况，一种是针对说明书本身存在的不符合《专利法》及《专利法实施细则》规定的缺陷作出的修改；另一种是根据修改后的权利要求书作出的适应性修改。上述两种修改只要不超出原说明书和权利要求书的记载范围，一般都是允许的。

三、答复通知书时的修改

在实质审查程序中，如果审查员指出申请不符合《专利法》及《专利法实施细则》的有关规定，申请人往往需要对申请文件进行修改，以消除存在的缺陷。根据《专利法实施细则》第51条第3款的规定，申请人在收到国家知识产权局发出的审查意见通知书后对专利申请文件进行修改的，应当按照通知书的要求进行修改，即针对通知书指出的缺陷进行修改。

申请人在答复通知书时对申请文件的修改，如果扩大了权利要求的保护范围，例如申请人从独立权利要求中主动删除技术特征，或者用上位概念技术特征代替下位概念技术特征，如用"弹性部件"代替"弹簧"，或者改变技术主题，如将一件有关自行车新式把手的发明专利申请主动修改为自行车车座，都是不允许的。

四、修改方式

发明或者实用新型专利申请的说明书或者权利要求书的修改部分，除个别文字修改或者增删外，应当按照规定格式提交替换页。外观设计专利申请的图片或者照片的修改，应当按照规定提交替换页。

第二节 答复审查意见

在初步审查或者实质审查程序中，审查员发现申请存在实质性缺陷时，会以"审查意见通知书"的形式通知申请人，在指定的期限内对申请进行修改或者对审查员指出的缺陷陈述意见。专利申请人在答复审查意见时，如果能针对审查意见通知书撰写出令人信服的意见陈述书，并修改出合格的申请文件，则发明专利申请就有可能在较短的时间内被授权，大大缩短了实质审查程序；否则会加长实质审查程序，甚至会使有可能取得专利的申请导致驳回的结果。因此，如何答复审查意见通知书对于专利审批是非常重要的一个环节。

一、审查意见通知书简介

实质审查意见通知书分为第一次审查意见通知书和再次审查意见通知书。通常对于有授权前景的发明专利申请，第一次审查意见通知书在全面审查的基础上指出专利申请文件存在的所有缺陷；对于无授权前景的专利申请，第一次审查意见陈述书将充分论述该专利申请不能授予专利权的理由。再次审查意见通知书是针对申请人的意见陈述书及新修改的专利申请文件继续进行实质审查后发出的，往往是对第一次审查意见通知书的补充，由再次审查意见通知书可以更清楚地得知该专利申请的授权前景。

审查意见通知书由标准表格和审查意见通知书正文两部分组成。在标准表格中给出实质审查所依据的文本、引用的对比文件、对权利要求书和说明书的结论性意见、实质审查的倾向性结论意见、答复期限等，在正文部分主要指出权利要求书和/或说明书的实质性缺陷，有授权前景时还会指出专利申请文件所存在的其他问题，必要时还给出专利申请文件的修改建议。

二、审查意见通知书答复

申请人收到审查意见通如书后，在指定的答复期限内主要工作包括下述几项：阅读审查意见通知书，分析审查意见及引用证据，修改专利申请文件，撰写意见陈述书。注意事项如下。

（一）阅读审查意见通知书

审查意见通知书对申请文件的总体倾向性意见分为肯定性、否定性和不定性三类。阅读审查意见通知书时，应当从下述两个方面去理解审查意见。

（1）通过阅读审查意见通知书，明确该审查意见究竟属于哪一类，以便对不同类审查意见采取不同的处理办法。

（2）阅读重点放在审查意见通知书所指出的实质性缺陷，尤其是对权利要求书的评价上。由于申请文件存在实质性缺陷将会导致专利申请被驳回，因而在阅读审查意见通知书时应当十分重视所指出的实质性缺陷，不仅要知道审查员对每个权利要求和说明书的结论性意见，而且要仔细理解审查员所论述的理由以及用来支持所述理由的证据（如评价权利要求不具备新颖性、创造性时所用的对比文件）。

（二）对审查意见通知书及其引用证据的分析

若审查意见涉及的问题基本上属于申请文件的形式缺陷，通常只需要针对通知书中指出的缺陷修改申请文件即可。但对于否定性结论意见和不定性结论意见的通知书，则需要仔细研究审查意见通知书的具体意见，必要时结合申请文件本身的内容以及通知书中引用的对比文件进行分析，从而正确理解所指出缺陷的含义，考虑通知书中的意见是否正确合理。

在正确理解审查意见通知书具体意见的基础上，应初步考虑可否通过修改申请文件来克服通知书中所指出的缺陷，以便为专利申请争取到比较有利的结果。

（三）专利申请文件的修改和意见陈述书撰写

申请人要针对审查意见通知书提出的问题逐条答复，遗漏答复某一方面或者某一条审查意见的，有可能被视为未按期答复，导致申请被视为撤回。答复可以表示同意审查员的意见，并按照审查意见办理补正或者对申请文件进行修改，也可以表示不同意审查员的意见，并对此进行申辩和陈述申请人的意见及理由。

对发明或者实用新型专利申请的补正或者修改均不得超出原始说明书和权利要求书记载的范围，对外观设计专利申请的修改不得超出原图片或者照片表示的范围。否则，申请可能会被驳回。

（四）答复期限

申请人应当注意审查员指定的期限，并根据通知书上国家知识产权局专利局盖章的发文日期，后推 15 日来推算出答复的最后日期。逾期答复和不答复的后果是一样的。

三、意见陈述书撰写格式

意见陈述书正文部分通常包括如下四个部分：起始段、修改说明、具体论述理由和结尾段。

（一）起始段

起始段应写明该意见陈述书是针对哪一份审查意见通知书作出的，是否随意见陈述书提交了申请文件的修改页。具体格式如下：

样例1：

本意见陈述书是针对国家知识产权局于××年××月××日发出的第××次审查意见通知书作出的答复，随此意见陈述书附上修改的申请文件（权利要求书、说明书、摘要……）替换页，以及表明修改处的参考页。

样例2：

国家知识产权局：

对于××年××月××日发出的第××次审查意见通知书的意见，申请人进行了认真的研读，并陈述意见如下。

（二）修改说明

答复时对申请文件进行修改的，应当在起始段之后对申请文件的修改情况作简要说明。

样例1：

1. 针对审查意见通知书中指出的权利要求1不具备新颖性的审查意见，对独立权利要求1进行了修改，将原权利要求1的全部技术特征写入修改后的权利要求1的前序部分，并在其特征部分加入了以下技术特征（此处写明所增加的技术特征，如从属权利要求内容），以使该独立权利要求1符合有关新颖性和创造性的规定。该修改的依据来自原说明书第二种实施方式和第三种实施方式，说明书最后一段以及图3。

2. 针对原申请文件中已有从属权利要求的主题名称改变问题，要对从属权利要求的主题名称进行修改，使其与所引用权利要求的主题名称相一致。

…………

上述修改没有超出原说明书和权利要求书记载的范围，且是针对审查意见通知书指出的缺陷或者是针对申请文件本身存在的缺陷进行的修改，因而符合《专利法》第33条的规定和《专利法实施细则》第51条第3款的规定。

（三）针对审查意见通知书中指出的新颖性、创造性缺陷具体陈述意见

这部分是意见陈述书的重点内容。如果不同意或者只是部分接受审查意见通知

书中的意见，应当逐条充分论述理由；如果同意或者基本同意审查意见通知书中的意见并对申请文件进行了修改，则应当重点分析和论述修改后的专利申请文件如何克服了通知书中指出的缺陷。针对审查意见通知书指出的独立权利要求不具有新颖性、创造性问题，通常分三部分加以论述。

第一部分：在这一部分，简单重复审查通知书中对该专利申请有关新颖性和创造性的审查结论，并明确说明申请人对此有不同观点。

样例 1：

审查意见通知书中指出，权利要求 1 相对于对比文件 1 和对比文件 2 不具备创造性，申请人不同意这一观点，现陈述意见如下。

第二部分：仅针对权利要求书的修改而出现，若无修改则不必出现这一部分。

第三部分：论述原独立权利要求或者修改后的独立权利要求相对于通知书中引用的证据具备创造性的理由。这一部分的论述通常应当先论述该独立权利要求的技术方案具有突出的实质性特点，然后再进一步说明该独立权利要求的技术方案具有显著的进步，从而得出该独立权利要求相对于通知书中引用的多份对比文件和本技术领域的公知常识具备创造性的结论。

样例 1：

本发明权利要求 1 与对比文件 1 相比较可知，权利要求 1 与对比文件 1 的区别在于 A（此处 A 是独立权利要求 1 相对于对比文件 1 的区别技术特征）。由此可知，权利要求 1 相对于对比文件 1 实际解决的技术问题是 B（此处 B 是区别技术特征 A 在本发明中所起的作用，即该独立权利要求 1 相对于对比文件 1 实际解决的技术问题）。

虽然对比文件 2 中披露了 A，但 A 在对比文件 2 的技术方案中所起的作用是 C，而 A 在本发明独立权利要求 1 中为解决 B 这一技术问题所起的作用为 D，由此可知，A 在对比文件 2 中所起的作用与其在本发明中所起的作用是不一样的，因此当本领域技术人员看到对比文件 2 时，由于 A 在这份对比文件中所起的作用与本发明完全不同，因而不可能很容易地就想到利用 A 这一技术手段来解决最接近的现有技术所存在的技术问题 B，也就是说对比文件 2 给出应用其所披露的 A 来解决本发明技术问题的启示，因而由这两份对比文件得到权利要求 1 的技术方案对本领域的技术人员来说是非显而易见的，具有突出的实质性特点。而且，该区别技术特征也不是本技术领域解决上述技术问题的公知常识，因而对本领域的技术人员来说，权利要求 1 的技术方案相对于对比文件 1、对比文件 2 和本技术领域的公知常识也是非显而易见的，具有突出的实质性特点。

此外，权利要求 1 的技术方案相对于该两份对比文件来说，能带来……技术效果，因而权利要求 1 相对于这两份对比文件具有显著的进步，具备创造性。

（四）结尾段

结尾段是意见陈述书正文部分的最后内容，可以简单地说明希望和要求。

样例 1：

申请人认为，修改后的权利要求书已经完全克服了"第一次审查意见通如书"中指出的不具备新颖性和创造性的缺陷，并克服了其他一些形式缺陷，符合《专利法》的有关授权规定。如果在继续审查过程中认为本申请还存在其他缺陷，敬请联系申请人，申请人将尽力作出配合。

申请人：×××，电话：×××××××

样例 2：

申请人希望，上述说明能够有助于澄清审查意见通知书中所提出的问题（或疑惑等）。如果审查员认为上述意见陈述存在不妥或不周之处，请给予申请人一次当面陈述意见的机会，在此提出会晤请求。

申请人：×××，电话：×××××××

第三节　著录项目变更

申请人提出申请以后，请求书中填报的发明人、申请人及发明名称等内容都不能随便更改，需要更改的要办理著录项目变更手续。发明创造名称的变更应当使用意见陈述书或者补正书。

办理著录项目变更手续时，应当向国家知识产权局专利局提交"著录项目变更申报书"，在其中填明变更的项目及变更前后的情况，涉及发明人、申请人变更的，还需要附具说明变更理由的证明材料并缴纳规定的费用。具体要求说明如下。

一、发明人、设计人的变更

（1）针对笔误：除提交著录项目变更申报书以外，还应当附具由被错写姓名的发明人签章的声明及其身份证的复印件。

（2）针对发明人、设计人更改姓名：除提交著录项目变更申报书以外，还应当附具户籍部门出具的有关更改姓名的证明，证明文件中需写明变更前和变更后的姓名。

（3）针对发明人、设计人变更：发明人的变更（包括人数增减），除提交著录项目变更申报书以外，还应当附具由变更前全体发明人及全体申请人签章的证明文件，写明发明人变更的理由，并提供证明所主张的发明人对本发明创造的实质性特点作出创造性贡献的证据。

二、申请人（或专利权人）的变更

（一）针对笔误

申请人姓名书写错误，应提交著录项目变更申报书、个人签章的声明及身份证明复印件。

（二）针对更名

申请人是个人的，变更姓名时除提交著录项目变更申报书以外，还应附具户籍部门出具的更改姓名的证明；申请人是单位的，变更单位名称时，除提交申报书外，还应附具上级主管部门同意改变名称的批文，或者在工商行政管理部门改变名称的登记证明。

（三）针对改正申报的差错

由于原申请人在申请时请求书填写不当，漏填或者错填申请人，要求通过办理著录项目变更改正差错的，应当由原申请人提出，除提交"著录项目变更申报书"以外，还应当附具原申报不当的详细说明或者应予以改正的证据或证明。

（四）专利申请权或专利权转让

专利申请人或专利权人转让，是转让方将其发明创造的所有权移交受让方。转让必须履行法定手续，都要以书面形式转让并履行必要的手续，向国家知识产权局专利局提交转让合同，有多个专利申请人或专利权人时，应提交全体权利人同意转让的证明材料。

第四节　专利费用

一、费用明细

《专利法实施细则》第9章对费用规定如下，向国务院专利行政部门申请专利和办理其他手续时，应当缴纳下列费用：（1）申请费、申请附加费、公布印刷费、优先权要求费；（2）发明专利申请实质审查费、复审费；（3）专利登记费、公告印刷费、年费；（4）恢复权利请求费、延长期限请求费；（5）著录事项变更费、专利权评价报告请求费、无效宣告请求费。部分费用明细见表2-5-1。

表2-5-1　费用明细　　　　　　　　　　金额单位：（人民币）元

专利收费-国内部分	
（一）申请费	
1. 发明专利	900
2. 实用新型专利	500
3. 外观设计专利	500
（二）申请附加费	
1. 权利要求附加费从第11项起每项加收	150
2. 说明书附加费从第31页起每页加收	50
从第301页起每页加收	100
（三）公布印刷费	50
（四）优先权要求费（每项）	80
（五）发明专利申请实质审查费	2500
（六）复审费	
1. 发明专利	1000
2. 实用新型专利	300
3. 外观设计专利	300
（七）年费	
1. 发明专利	
1~3年（每年）	900
4~6年（每年）	1200
7~9年（每年）	2000
10~12年（每年）	4000
13~15年（每年）	6000
16~20年（每年）	8000

2. 实用新型专利、外观设计专利	
1～3 年（每年）	600
4～5 年（每年）	900
6～8 年（每年）	1200
9～10 年（每年）	2000
（八）年费滞纳金	
每超过规定的缴费时间 1 个月，加收当年全额年费的 5%	
（九）恢复权利请求费	1000
（十）延长期限请求费	
1. 第一次延长期限请求费（每月）	300
2. 再次延长期限请求费（每月）	2000
（十一）著录事项变更费	
1. 发明人、申请人、专利权人的变更	200
（十二）专利权评价报告请求费	
1. 实用新型专利	2400
2. 外观设计专利	2400
（十三）无效宣告请求费	
1. 发明专利权	3000
2. 实用新型专利权	1500
3. 外观设计专利权	1500

二、费用缴纳实务

（一）缴费渠道

《专利法》规定的各种费用，应当按照专利局规定的渠道缴纳：

（1）直接向专利局缴纳费用的，以缴纳当日为缴费日；以邮局汇付方式缴纳费用的，以邮局汇出的邮戳日为缴费日；以银行汇付方式缴纳费用的，以银行实际汇出日为缴费日。

（2）多缴、重缴、错缴专利费用的，当事人可以自缴费日起 3 年内，向专利局提出退款请求，专利局应当予以退还。

（二）缴纳期限

（1）专利申请费：专利申请费和必要的申请附加费自申请日起 2 个月内、或者在收到受理通知书之日起 15 日内缴纳；申请人要求优先权的，应当在缴纳申请费的同时缴纳优先权要求费；期满未缴纳或者未缴足的，视为未要求优先权。期满未缴纳或者未缴足的，其申请视为撤回。

（2）优先权要求费：申请人要求优先权的，应当在缴纳申请费的同时缴纳优先权要求费；期满未缴纳或者未缴足的，视为未要求优先权。

（3）办理登记手续费：申请人办理登记手续时，应当缴纳授予专利权当年的年费；期满未缴纳或者未缴足的，视为未办理登记手续。

（4）其他费用：请求实质审查或者复审费、恢复权利请求费、延长期限请求费、著录事项变更费、专利权评价报告请求费或无效宣告请求费，均按照专利局给出的金额和期限缴纳；期满未缴纳或者未缴足的，视为未提出请求。

（5）申请人或者专利权人缴纳各种费用有困难的，可以按照规定向专利局提出减缴或者缓缴的请求。减缴或者缓缴的办法由国务院财政部门会同国务院价格管理部门、专利局规定。

三、专利权维持

专利权被授予以后，都有法定的保护期限。专利权人自授予专利权的年度开始，直到专利保护期限届满专利权终止，每年都要缴纳一定的费用。

（1）年费：授予专利权当年以后各专利年度的年费，应当在每个申请日的相应日以前预缴下一年度年费。专利年度是从申请日起算，从申请日到下一年的相应日的前一天为第一年度，依次类推。由于不同年度的年费数额不一样，缴纳年费时，除写明申请号、发明创造名称外，还应当写明缴纳哪一年度的年费。

（2）专利权人年费未缴纳或者未缴足的，专利局应当通知专利权人自应当缴纳年费期满之日起6个月内补缴，同时缴纳滞纳金；滞纳金的金额按照每超过规定的缴费时间1个月，加收当年全额年费的5%计算；期满未缴纳的，专利权自应当缴纳年费期满之日起终止。

四、专利权的终止

根据《专利法》第42条和第44条的规定，以下法律事实导致专利权终止：

（1）保护期限届满。

（2）专利权人以书面声明放弃专利权。专利权人主动放弃专利权的，应当使用国务院专利行政部门统一制作的表格，提出书面声明。

（3）专利权人没有按照规定缴纳专利维持费。

第五节　专利申请文件的撤回

专利申请的撤回，可分为明示撤回和推定撤回。

一、明示撤回

明示撤回是指申请人以书面形式明确表示撤回意思而撤回专利申请。《专利法》第 32 条规定，申请人可以在被授予专利权之前随时撤回其专利申请。申请人撤回专利申请的，应当向专利局提出声明，写明发明创造的名称、申请号和申请日。

二、推定撤回

推定撤回是指申请人未能按照《专利法》规定或者专利局要求的方式或者期限完成某项行为时，推定申请人撤回了专利申请。例如，发明专利申请自申请日起 3 年内，申请人无正当理由逾期不请求实质审查的，该申请即被视为撤回。

由于专利权涉及的是申请人的私人利益，法律允许申请人撤回专利申请，不过问撤回理由，例如，保密要求、没有授权前景等。

第六节　优先权的申请

《专利法》第 30 条规定，申请人要求发明、实用新型专利优先权的，应当在申请的时候提出书面声明，并且在第一次提出申请之日起 16 个月内，提交第一次提出的专利申请文件的副本。申请人要求外观设计专利优先权的，应当在申请的时候提出书面声明，并且在 3 个月内提交第一次提出的专利申请文件的副本。

申请人未提出书面声明或者逾期未提交专利申请文件副本的，视为未要求优先权。

一、申请文件要求

申请人要求外国优先权的，申请人提交的在先申请文件副本应当经原受理机构证明。依照专利局与该受理机构签订的协议，专利局通过电子交换等途径获得在先申请文件副本的，视为申请人提交了经该受理机构证明的在先申请文件副本。要求本国优先权，申请人在请求书中写明在先申请的申请日和申请号的，视为提交了在先申请文件副本。

要求优先权，但请求书中漏写或者错写在先申请的申请日、申请号和原受理机构名称中的一项或者两项内容的，专利局应当通知申请人在指定期限内补正；期满未补正的，视为未要求优先权。

要求优先权的申请人的姓名或者名称与在先申请文件副本中记载的申请人姓名或者名称不一致的，应当提交优先权转让证明材料，未提交该证明材料的，视为未要求优先权。

外观设计专利申请的申请人要求外国优先权，其在先申请未包括对外观设计的简要说明，申请人按照《专利法实施细则》第28条规定提交的简要说明未超出在先申请文件的图片或者照片表示的范围的，不影响其享有优先权。

二、要求优先权的限制

申请人在一件专利申请中，可以要求一项或者多项优先权；要求多项优先权的，该申请的优先权期限从最早的优先权日起计算。

（一）要求本国优先权

申请人要求本国优先权，在先申请是发明专利申请的，可以就相同主题提出发明或者实用新型专利申请；在先申请是实用新型专利申请的，可以就相同主题提出实用新型或者发明专利申请。外观设计专利申请的申请人要求本国优先权，在先申请是发明或者实用新型专利申请的，可以就附图显示的相同主题提出外观设计专利申请；在先申请是外观设计专利申请的，可以就相同主题提出外观设计专利申请。但是，提出后一申请时，在先申请的主题有下列情形之一的，不得作为要求本国优先权的基础：

（1）已经要求外国优先权或者本国优先权的；

（2）已经被授予专利权的；

（3）属于按照规定提出的分案申请的。

申请人要求本国优先权的，其在先申请自后一申请提出之日起即视为撤回，但外观设计专利申请的申请人要求以发明或者实用新型专利申请作为本国优先权基础的除外。

（二）要求外国优先权

在中国没有经常居所或者营业所的申请人，申请专利或者要求外国优先权的，专利局认为必要时，可以要求其提供下列文件：

（1）申请人是个人的，其国籍证明；

（2）申请人是企业或者其他组织的，其注册的国家或者地区的证明文件；

（3）申请人的所属国，承认中国单位和个人可以按照该国国民的同等条件，在该国享有专利权、优先权和其他与专利有关的权利的证明文件。

第七节　延迟审查请求

申请人可以对发明和外观设计专利申请提出延迟审查请求。发明专利延迟审查请求，应当由申请人在提出实质审查请求的同时提出，但发明专利申请延迟审查请求自实质审查请求生效之日起生效；外观设计延迟审查请求，应当由申请人在提交外观设计申请的同时提出。延迟期限为自提出延迟审查请求生效之日起1年、2年或3年。延迟期限届满后，该申请将按顺序待审。必要时，专利局可以自行启动审查程序并通知申请人，申请人请求的延迟审查期限终止。

第八节　专利申请的复审

复审程序是指专利申请人对专利局驳回其申请决定不服的，或者专利权人对专利局做出的有关专利权其他决定不服的，可以自收到通知之日起3个月内向复审和无效审理部请求复审。复审和无效审理部复审后，作出决定，并通知复审请求人。

需要注意的是：复审请求人应该是全部申请人或者专利权人，本节内容主要涉及驳回专利申请决定的复审。

一、复审程序的性质

复审程序是因申请人对驳回决定不服而启动的救济程序，该程序通过纠正专利审批过程中出现的失误以保障申请人的正当权益，同时也为申请人提供了通过进一步陈述意见、补充证据、修改申请文件以获得最终授权的机会。复审程序是专利审批程序的延续，复审和无效审理部对于专利申请中存在的、但驳回决定未提及的明显实质性缺陷进行审查，有利于提高专利授权的质量以及权利的稳定性，避免不合理地延长审批程序。

二、复审程序流程简述

复审程序的流程如图 2 - 5 - 1 所示。

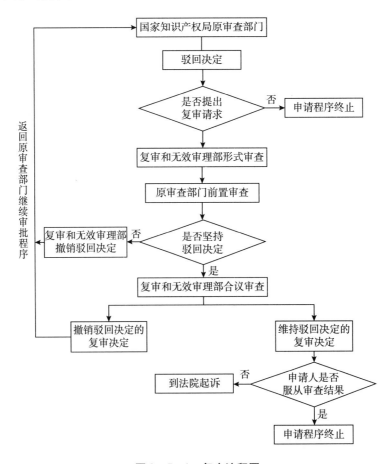

图 2 - 5 - 1 复审流程图

102

复审请求人拟向复审和无效审理部提交复审请求时，应当提交复审请求书、复审理由说明以及有关证据，缴纳复审费。

形式审查合格后，复审和无效审理部受理该复审请求，向复审请求人发出受理通知书，并将案卷转交原审查部门进行前置审查。原审查部门作出前置审查意见书后，将案卷一同转交复审和无效审理部。如果原审查部门同意撤销驳回决定，则复审和无效审理部作出撤销驳回决定的复审决定，并将案卷返回原审查部门继续进行审批程序；如果原审查部门坚持驳回决定，则复审和无效审理部成立合议组进行合议审查。

如果复审和无效审理部认为驳回决定所指出的缺陷已被克服，则直接作出撤销驳回决定的复审决定，并将案卷返回原审查部门继续进行审批程序；如果认为本申请还存在实质性缺陷，则发出复审通知书或者举行口头审理，将上述缺陷告知复审请求人并指定答复期限。复审请求人在进行意见陈述时可以提交修改文本。如果复审请求人未在指定的期限内进行答复和/或未参加口头审理，则视为复审请求被撤回。在复审请求人提交的意见陈述以及修改文本的基础上，如果复审和无效审理部认为上述缺陷已被克服，则作出撤销驳回决定的复审决定；如果复审和无效审理部认为上述缺陷仍然存在，则在满足听证原则的条件下，作出维持驳回决定的复审决定。复审决定应送达复审请求人。

如果复审请求人不服复审决定，可以在复审决定送达复审请求人之日起的3个月内，向北京市第一中级人民法院提起行政诉讼。如果复审请求人对北京市第一中级人民法院的判决不服，还可以上诉至北京市高级人民法院。如果复审请求人不起诉复审决定或者生效判决维持复审决定的，则复审决定最终生效。如果生效判决撤销复审决定，则复审和无效审理部应当重新作出审查决定。

三、复审实务

专利申请人请求复审应当在收到驳回决定之日起3个月内，向复审和无效审理部提交符合规定格式的复审请求书，在复审请求书中说明请求复审的理由，必要时还要提交修改的申请文件或相关证据。

（一）确定复审请求理由

复审请求的理由应当针对驳回决定的理由提出。例如，专利申请因缺少新颖性或创造性而被驳回，则复审请求的主要理由就应当为本专利申请具有新颖性和创造性。若作出驳回决定是由于说明书未充分公开发明，则复审请求的理由应当为说明书已对发明或实用新型作出清楚、完整的说明，所属技术领域的技术人员能够实现该发明或实用新型。

(二）考虑对申请文件是否进行修改

1. 有关修改的规定

复审请求人在提出复审请求、答复复审通知书（包括复审请求口头审理通知书）或者参加口头审理时，复审请求人可以对申请文件进行修改。所作修改应当不超出原申请文件公开的范围。

2. 修改时间

经过对驳回决定的分析，如果认为驳回决定的理由基本正确，但通过修改申请文件有可能消除上述理由所涉及的缺陷时，则可以考虑在提起复审请求时就修改专利申请文件。

经过对驳回决定的分析，如果认为驳回决定的理由虽有一定的道理但仍有辩驳余地，则在提出复审请求时暂不修改申请文件，可先在复审请求书中充分论述理由。如果原审查部门或合议组不接受所述理由，则可根据复审通知书的意见，再决定是否修改申请文件以及如何修改。

(三）修改要求

在复审请求时，修改申请文件需要同时满足两方面的要求。

（1）对发明和实用新型专利申请文件的修改不得超出原说明书和权利要求书记载的范围，对外观设计专利申请文件的修改不得超出原图片或照片表示的范围。

（2）申请文件修改应当仅限于消除驳回决定或者复审通知书指出的缺陷，不允许对未涉及缺陷的权利要求或者说明书进行修改。

(四）撤回复审请求

启动复审程序后，随着事态的发展如果复审请求人认为没有继续进行复审的必要，可以在复审和无效审理部作出决定前，撤回其复审请求，复审程序就此终止。

第九节　专利权的无效宣告

专利权的无效宣告程序是指自专利局公告授予专利权之日起，任何单位或者个人认为一项专利权的授予不符合《专利法》有关规定，请求专利局设置的复审和无效审理部宣告该专利权无效的程序。无效宣告程序是专利公告授权后依当事人请求而启动的、通常为双方当事人参加的程序。专利权的无效宣告程序是对授予专利权提出异议的唯一法定途径，如果认为一项专利权的授予不符合《专利法》有关规定的，既不能直接提起行政诉讼，也不能提起行政复议，只能提出无效宣告请求。

一、无效宣告的性质

专利权是专利局代表国家授予专利权人的一种排他权，因此任何人都理应有提出异议的权利。作为无效宣告请求审查机关的复审和无效审理部在综合考虑请求人和专利权人提交的意见陈述和证据的基础上进行合议裁决，对专利权的有效性作出评判。

二、无效宣告程序流程简述

无效宣告程序的流程如图 2 - 5 - 2 所示。

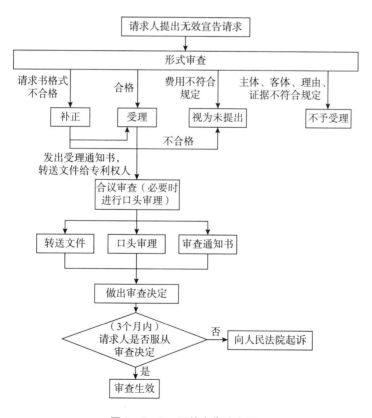

图 2 - 5 - 2　无效宣告流程图

无效宣告请求人向复审和无效审理部提出无效宣告请求。形式审查合格后，复审和无效审理部受理，并向无效宣告请求人和专利权人发出无效宣告请求受理通知书，并将无效宣告请求书和有关文件副本转送给专利权人。此后，复审和无效审理部成立合议组进行合议审查。

在提出无效宣告请求之日起的 1 个月内，无效宣告请求人可以增加无效宣告理由或者补充证据。收到无效请求受理通知书后，专利权人可以在 1 个月内进行答复。

经过合议组审查，复审和无效审理部作出无效宣告请求审查决定，并送达双方当事人。专利权人和无效宣告请求人中的任何一方当事人对无效宣告请求审查决定不服的，均可以在收到该审查决定之日起的 3 个月内向北京市第一中级人民法院提起行政诉讼。任何一方当事人对法院判决不服的，均可以上诉至北京市高级人民法院。如果双方当事人均不起诉，则无效宣告请求审查决定最终生效。如果生效判决为撤销无效宣告请求审查决定，则复审和无效审理部应当重新作出审查决定。

三、专利权的无效宣告实务

专利无效宣告程序中的专利文件撰写内容，包括无效宣告请求书的撰写过程、专利权人的应对以及专利文件的修改等。

（一）无效宣告请求书撰写前的准备

某件专利公告授权后，任何人都可以向复审和无效审理部请求宣告该专利权无效。提起无效宣告的当事人称为专利权无效宣告请求人（以下简称"请求人"），应当提交专利权无效宣告请求书和必要的证据一式两份来启动无效宣告程序。

请求人在撰写无效宣告请求书前应当做好以下准备工作。首先，要对涉案专利文件进行分析，包括了解涉案专利当前的法律状态、审查历史资料、在先无效宣告请求或行政诉讼等情况；然后，了解请求人提起无效宣告请求的目的是主动提起无效请求还是在专利侵权诉讼中作为被告提起无效请求，是部分无效还是全部无效，根据不同的目的制定无效宣告策略。在这些工作中，最重要的是收集与涉案专利密切相关的证据材料，根据案件事实和证据初步确定可选择的无效理由，明确无效理由对应的权利要求，并针对每一项权利要求结合相应的证据进行对比分析，从而选取和确定最有把握和说服力的无效宣告理由作为主攻理由，对其详加阐述，为无效宣告请求书的撰写做好准备工作。

（二）无效宣告请求书撰写的思路

1. 收集和分析证据

由于发明、实用新型和外观设计专利申请经过审查符合授权条件才能授予专利权，特别是发明专利授权要经过实质审查，其权利相对稳定，所以专利权能否被请求人无效掉，很大程度上取决于支持无效理由的证据是否充分。请求人可以在收集到足够的证据后提起无效宣告，还可以利用举证期限补充新的证据。

2. 确定无效宣告的理由

专利权无效宣告请求的理由应当符合《专利法实施细则》第65条的规定。

3. 详细论述无效宣告理由

无效宣告理由主要涉及创造性、权利要求未得到说明书支持以及说明书公开不充分的问题。

四、宣告无效的法律效果

宣告无效的专利权视为自始即不存在。

宣告专利权无效的决定，对在宣告专利权无效前人民法院作出并已执行的专利侵权的判决、调解书，已经履行或者强制执行的专利侵权纠纷处理决定，以及已经履行的专利实施许可合同和专利权转让合同，不具有追溯力。但是因专利权人的恶意给他人造成的损失，应当给予赔偿。

依照前款规定不返还专利侵权赔偿金、专利使用费、专利权转让费，明显违反公平原则的，应当全部或者部分返还。

思考与延伸

1. 申请人可以在什么时机主动修改发明或实用新型专利申请文件？

2.【著录项目变更案例】张三与李四双方达成协议：张三将其专利号为"CN202012345678.9"的专利权转让给李四。要求整理一套完整的专利权人变更资料，相关内容自拟，著录项目变更申报书从国家知识产权局网站下载。

3. 【答复审查意见案例】案例背景：文件 1 是专利申请号为 "CN201910002607.6" 的权利要求书，文件 2 是审查员提供的对比文献（由于只涉及方法，故删除了装置内容），文件 3 是审查员的第一次审查意见通知书（节选），结论为 "不具有创造性"。

技术解析：对比文件 1 的操作模式类似于 MTM 高级定制，拿到客户实际数据后，以客户实际数据为输入，然后在此基础上进行相关加放及版型调整，从而实现快速出版的目的。本发明是建立了关于以往订单对应的尺寸的数据库，当来了新的订单后，将新订单数据按照步骤（3）的比较顺序与数据库中以往订单数据进行比对，寻找最接近（最近似）的数据，数据库中最接近的数据即为新订单的出版数据。如此一来，对比文件 1 最后的出版数据或许是前所未有的（根据个体数据加以相关加放及版型调整），而本发明最后的出版数据一定是以往某一订单对应的尺寸数据。

要求：针对 "不具有创造性" 的审查意见撰写一份意见陈述书。

文件 1：

权 利 要 求 书

1. 一种基于服装样板库图像识别模块化样板打制方法，其特征在于，所述方法包括以下步骤：

（1）将服装样板库中的每个样板文件转化成 DXF 标准图形格式，并按照部件名称进行分类，建立版型模块样板库；

（2）利用图像识别技术获取每个 DXF 标准图形的轮廓数据；

（3）利用图像识别技术获取目标物的 DXF 标准图形的轮廓数据，将目标物的轮廓数据与版型模块样板库中同分类中的每个 DXF 标准图形的轮廓数据进行对比，对比原则是：第一步，比较长度，若找出的 DXF 标准图形长度一致，则确定该 DXF 标准图形为基础样板，进入步骤（4），若找出的 DXF 标准图形长度不一致，则找出差值最小的 DXF 标准图形；第二步，将目标物的宽度与第一步找出的 DXF 标准图形的宽度进行比较，若找出的 DXF 标准图形宽度一致，则确定该 DXF 标准图形为基础样板，进入步骤（4），若找出的 DXF 标准图形宽度不一致，则找出差值最小的 DXF 标准图形；第三步，将目标物的弧度与第二步找出的 DXF 标准图形的弧度进行比较，找出差值最小的 DXF 标准图形，若找出的 DXF 标准图形唯一，则确定该 DXF 标准图形为基础样板，若找出的 DXF 标准图形不唯一，则将目标物的面积与第三步找出的 DXF 标准图形的面积度进行比较，找出差值最小的 DXF 标准图形，确定该

DXF 标准图形为基础样板；

（4）用服装 CAD 打开基础样板，并将基础样板数据调整成客户要求的尺寸，完成样板打制。

文件 2：

权 利 要 求 书

1. 一种服装版型处理方法，其特征在于，该方法包括：

根据基础体型参数创建每种款式服装的基础版型；根据所述基础版型与对应的各标准版型之间的推放量创建规格表；将所述基础版型的版型参数以及对应的规格表保存在推放数据库中；

接收用户输入的服装定制订单，获取所述服装定制订单中的服装款式信息和客户体型信息；

根据所述服装款式信息，获取对应服装的款式标识；根据所述款式标识从所述推放数据库中，获取所述款式服装的基础版型；

根据所述客户的体型信息，对所述基本版型的版型参数进行调整，得到对应的合体版型；输出所述调整后的合体版型。

2. 根据权利要求 1 所述的方法，其特征在于，所述将所述基础版型的版型参数以及对应的规格表保存在推放数据库中之后，该方法进一步包括：

根据所述推放数据库中的基础版型以及规格表，计算各标准体型对应的标准版型的版型参数；

其中，所述客户的体型信息包括：量体参数和体型参数；

所述根据客户的体型信息，对所述基本版型的版型参数进行调整，得到对应的合体版型包括：

根据所述客户的体型信息中的量体参数，与各标准版型的版型参数进行匹配；根据匹配结果将最接近的标准版型的版型参数作为样板版型的版型参数；

根据所述客户的量体参数计算尺寸差值，根据所述尺寸差值对所述样板版型的版型参数进行调整；

根据所述客户的体型参数计算体型调整量，根据所述体型调整量对所述样板版型的版型参数进行调整；

将调整后的样板版型作为所述客户的合体版型。

3. 根据权利要求 1 或 2 所述的方法，其特征在于，所述根据基础体型参数创建每种款式服装的基础版型之后，该方法进一步包括：

将每种款式服装的基础版型拆分成对应的缝制部件；根据每种款式的缝制部件，创建与所述缝制部件对应的部件 ID；

将所述缝制部件的部件 ID 与基础版型的尺寸参数保存在款式数据库中。

4. 根据权利要求 3 所述的方法，其特征在于，所述根据所述客户的体型信息中的量体参数，与各标准版型的版型参数进行匹配；根据匹配结果将最接近的标准版型的版型参数作为样板版型包括：

根据预设的排序方式，对所述量体参数中的量体子参数进行排序；

根据所述排序顺序，依次将所述量体子参数与各标准版型中对应的缝制部件的尺寸参数进行匹配；

将最先匹配的缝制部件的尺寸参数所对应的标准版型作为样板版型。

5. 根据权利要求 4 所述的方法，其特征在于，根据所述客户的量体参数计算尺寸差值，根据所述尺寸差值对所述样板版型的版型参数进行调整包括：

根据预设的尺寸修改数据库中保存的尺寸参考值，计算所述客户的量体子参数与所述样板版型对应的缝制部件的尺寸差值；

根据所述尺寸差值对所述样板版型中的与所述量体子参数对应的缝制部件的尺寸参数进行调整。

6. 根据权利要求 4 所述的方法，其特征在于，所述根据所述客户的体型参数计算体型调整量，根据所述体型调整量对所述样板版型的版型参数进行调整包括：

根据预设的体型修改数据库中保存的体型参考值，计算所述客户的体型参数与所述样板版型对应的缝制部件的体型调整量；

根据所述体型调整量对所述样板版型中的与所述体型参数对应的缝制部件的尺寸参数进行调整。

7. 根据权利要求 3 所述的方法，其特征在于，根据所述款式标识从所述推放数据库中，获取所述款式服装的基础版型包括：

根据所述款式标识，获取与所述款式标识对应的部件 ID；

根据所述部件 ID 从所述款式数据库中获取对应款式服装的缝制部件；

根据所获取的缝制部件组成对应的基础版型。

文件 3：

国　家　知　识　产　权　局

第一次审查意见通知书

申请号：2019100026076

经审查，现提出如下审查意见：

1. 权利要求 1 请求保护一种基于服装样板库图像识别模块化样板打制方法，对比文件 1（CN105677999A）是最接近的现有技术，其公开了一种服装版型处理方法和装置，并具体公开了以下技术特征（参见说明书第 60 ～ 第 146 段）：根据基础体型参数创建每种款式服装的基础版型；根据所述基础版型与对应的各标准版型之间的推放量创建规格表；根据所述服装款式信息，获取对应服装的款式标识；根据所述款式标识从所述推放数据库中，获取所述款式服装的基础版型；根据所述客户的体型信息，对所述基本版型的版型参数进行调整，得到对应的合体版型输出所述调整后的合体版型。在本发明中，先将每种款式服装的基础版型保存到推放数据库中，然后根据客户的体型信息，对所述基本版型的版型参数进行调整，得到对应的合体版型；从而实现只需要得到体型信息，就能根据客户的体型信息进行自动打板，并且所得到的版型与客户的身形相服帖。解决了现有技术中，针对个性化定制，只能通过打板师的经验进行打板，存在打板效率低，不能实现自动化操作，不能适应流水线生产的缺点。

即对比文件 1 公开了根据服装款式标识获取基础版型，然后根据目标体型信息对基础版型进行调整，获得客户要求尺寸实现打版。

由此可见，该权利要求与对比文件 1 相比，其区别在于：目标物和样板文件均为 DXF 标准格式，其中样板文件按照部件名称进行分类，建立版型模块样板库；根据图像识别获取的目标物的轮廓数据与版型模块样板库中同分类中的标准图形的轮廓数据进行对比获得基本样板以及具体的对比原则。基于上述区别特征可以确定，该权利要求所要求保护的技术方案实际解决的技术问题是：如何提高图像比对效率。

对于此，对比文件 2（CN103954213A）公开了一种分析零件的实测图的方法，并具体公开了以下技术特征（参见说明书第 50 ～ 第 171 段）……。【因本案例不涉及分析零件的实测图方法，故省略】

……

因此，在对比文件 1 的基础上结合对比文件 2 以及本领域常规技术手段获得该权利要求请求保护的技术方案对本领域技术人员来说是显而易见的。因此，该权利要求所请求保护的技术方案不具有突出的实质性特点和显著的进步，不符合《专利法》第22条第3款有关创造性的规定。

基于上述理由，本申请的全部权利要求都不符合《专利法》的相关规定，同时说明书中也没有记载其他任何可以授予专利权的实质性内容，因而即使申请人对权利要求进行重新组合和/或根据说明书记载的内容作进一步的限定，本申请也不具备被授予专利权的前景。如果申请人不能在本通知书规定的答复期限内提出充分理由，本申请将被驳回。

第六章　专利权的实施与法律保护

　　具体包括：专利权的生效及期限，专利权人的权利和义务，专利侵权判定，不视为专利侵权的例外判定，专利侵权类型及法律救济。权利人获得专利权最重要的目的之一就是要获得保护。专利权作为一种无形财产权，与有形财产权相比有其自身的特点。通过本章学习，能够正确理解专利权的各项权利内容以及例外判定，合理认定专利侵权行为。

案例

甲厂的烦恼

　　甲厂是一家生产陶粒填料的企业。为保证竞争优势，甲厂一直坚持技术创新并及时将创新的技术申请专利获得保护。随着专利数量的增加，甲厂也逐渐陷入苦恼中：若不申请专利，就会遭遇同行仿制，无法独占市场；若申请专利，技术就公开了，相当于教会了同行，专利年费也越来越多。

　　问：甲厂该如何选择？

第一节　专利权的生效及期限

一、专利权的生效

　　根据《专利法》第39条和第40条的规定，发明专利申请经实质审查没有发现驳回理由的，实用新型和外观设计专利申请经初步审查没有发现驳回理由的，国家知识产权局将作出授予专利权的决定，发给相应的专利证书，同时予以登记和公告，专利权自公告之日起生效。

需要注意的是：国家知识产权局发出授予专利权的通知后，申请人应当自收到通知之日起 2 个月内办理登记手续，缴纳专利登记费、授权当年的年费、公告印刷费以及专利证书印花税。期满未办理登记手续的，视为放弃取得专利权的权利。此外，由于发明创造在专利权生效后才能获得保护，为了弥补授权前提前公布发明专利申请给申请人可能带来的不利影响，《专利法》还对发明专利申请规定了临时保护制度。

二、专利权的期限

给专利权赋予一定的保护期限，一方面是保证专利权人能够在保护期限内，通过独占权获得合理的经济回报；另一方面，《专利法》最终目的是促进科学技术的进步和经济社会的发展，促进发明创造的广泛应用，所以保护期限也不宜过长。

目前，世界上绝大多数已建立专利制度的国家中，发明专利的期限都是 20 年，对于外观设计，有一些国家规定的期限比 10 年更长。《专利法》第 42 条规定：发明专利权的期限为 20 年，实用新型专利权的期限为 10 年，外观设计专利权的期限为 15 年（外观设计申请日在 2021 年 6 月 1 日之前的，期限为 10 年），均自申请日起计算。

此外有两种特殊情况：

（1）自发明专利申请日起满 4 年，且自实质审查请求之日起满 4 年后授予发明专利权的，可以应专利权人的请求就发明专利在授权过程中的不合理延迟给予专利权期限补偿，但由申请人引起的不合理延迟除外。

（2）为补偿新药上市审评审批占用的时间，对在中国获得上市许可的新药相关发明专利，可以应专利权人的请求给予专利权期限补偿。补偿期限不超过 5 年，新药批准上市后总有效专利权期限不超过 14 年。

三、发明专利申请的临时保护

依照《专利法》第 34 条的规定，发明专利申请经专利局初步审查认为符合《专利法》要求的，自申请日（有优先权的，指优先权日）起满 18 个月后即行公布，专利局也可根据申请人的请求提前公布其申请。由于发明专利审查周期较长，为此，

《专利法》第 13 条规定：发明专利申请公布后，申请人可以要求实施其发明的单位或者个人支付适当的费用。

发明专利申请的临时保护只适用于公布后的发明专利申请，对于实用新型和外观设计专利申请以及公布前的发明专利申请，没有临时保护。

第二节　专利权人的权利和义务

一、专利权人的权利

专利权是专利权人对其发明创造依法享有的独占权，权利的核心内容是禁止任何单位或者个人未经过专利权人许可为生产经营目的实施其发明创造。此外，专利权人还享有对其专利进行处分的权利，如实施许可、转让、质押、放弃等。

（一）禁止他人未经许可实施其专利的权利

发明和实用新型专利权被授予后，除《专利法》另有规定外，任何单位或者个人未经专利权人许可，都不得实施其专利，即不得为生产经营目的制造、使用、许诺销售、销售、进口其专利产品，或者使用其专利方法以及使用、许诺销售、销售、进口依照该专利方法直接获得的产品。外观设计专利权被授予后，任何单位或者个人未经专利权人许可，都不得实施其专利，即不得为生产经营目的制造、许诺销售、销售、进口其外观设计专利产品。

根据《专利法》第 12 条的规定，任何单位或者个人实施他人专利的，应当与专利权人订立实施许可合同，向专利权人支付专利使用费。

（二）转让专利权的权利

专利权人有权向他人转让其专利权。专利权的转让在专利程序中表现为专利权主体的变更，专利权的主体应当以国家知识产权局专利登记簿的记载为准。专利权转让的当事人应当通过著录项目变更程序申请将专利登记簿所记载的权利人进行变更。

《专利法》第 10 条规定，转让专利申请权或者专利权的，当事人应当订立书面合同，并向专利局登记，由专利局予以公告。专利申请权或者专利权的转让自登记之日（变更手续合格通知书的发文日）起生效。

（三）许可他人实施专利的权利

专利权人享有许可他人实施其专利的权利，专利实施许可的实质就是专利权人将实施专利的权利授予被许可人。按照被许可人取得实施权的范围，专利实施许可有以下几种类型。

1. 开放许可

对于发明专利，专利权人自愿以书面方式向专利局声明、愿意许可任何单位或者个人实施其专利，并明确许可使用费支付方式、标准的，由专利局予以公告，实行开放许可。对于实用新型和外观设计专利，专利权人提出开放许可声明的，应当提供专利权评价报告。

专利权人撤回开放许可声明的，应当以书面方式提出，并由专利局予以公告。开放许可声明被公告撤回的，不影响在先给予的开放许可的效力。

任何单位或者个人有意愿实施开放许可的专利的，以书面方式通知专利权人，并依照公告的许可使用费支付方式、标准支付许可使用费后，即获得专利实施许可。

2. 独占实施许可

独占实施许可是指在定时间内，专利权人只许可一个被许可人实施其专利，而且专利权人自己也不得实施该专利。

3. 排他实施许可

排他实施许可也称独家许可，是指在一定时间内，专利权人只许可一个被许可人实施其专利，但专利权人自己有权实施该专利。

4. 普通实施许可

普通实施许可是指在一定时间内，专利权人许可他人实施其专利，同时保留许可第三人实施该专利的权利。这样，在同一地域内，被许可人同时可能有若干家，专利权人自己也仍可以实施。

5. 交叉实施许可

交叉实施许可是指两个专利权人互相许可对方实施自己的专利。

6. 分实施许可

被许可人依照与专利权人的协议，再许可第三人实施同一专利，被许可人与第三人之间的实施许可就是分许可。被许可人签订这种分许可合同必须得到专利权人的同意。

（四）放弃专利权、表明专利标识和专利权质押的权利

专利权人在管理和运用自己的专利权方面具有一定的灵活性和选择权：可以自愿放弃对该专利的所有权利和权益，使其成为公共领域的一部分；可以自愿在产品或文档中标示该产品或技术是受到专利保护的，如注明专利号；可以选择将其专利权作为担保物品，以获得贷款或其他形式的金融支持。

二、专利权人的义务

专利权人在享有权利的同时还必须承担相应的义务，即按照法律规定缴纳年费，以维持专利权有效。

第三节　专利侵权判定

所谓专利侵权，是指他人未征得专利权人同意或者允许，为生产经营目的实施了与专利技术相同或者相似的技术。在确认专利是否构成侵权时，首先应当考虑该专利是否为一项合法、有效的专利，其次是不是营利性实施，二者缺一不可。如果某项专利已过保护期，或者已被撤销、被宣告无效，或者专利权人自己已经放弃了专利权，尽管他人营利性实施了该项技术，也不能被认定为构成侵权。

一、发明和实用新型专利的侵权判定

（一）发明和实用新型专利的保护范围

权利要求书是确定发明和实用新型专利保护范围的法律文件。发明或者实用新型专利权的保护范围以其权利要求的内容为准，说明书及附图可以用于解释权利要求的内容。

（二）发明和实用新型专利的侵权判断原则

1. 全面覆盖原则

在判定被控侵权的技术方案是否落入专利权的保护范围时，主要考虑该被控侵权的技术方案是否"全面覆盖"了权利要求中记载的全部技术特征。如果是，就属于侵权，即使被控技术方案还包括该权利要求中没有记载的技术特征。但是，如果被控侵权产品或方法的技术方案仅包含权利要求记载的部分技术特征，则不属于侵权。

全面覆盖的表现形式多种多样，主要表现为以下几种：

（1）被控侵权的技术与专利权利要求书中记载的全部必要技术特征完全相同，并且能够一一对应。

（2）被控侵权的技术范围比专利技术范围小，但是全部落入专利权利要求中记载的全部必要技术特征范围之内。

（3）被控侵权的技术采用的是专利权利要求书采用的概念的下位概念特征的，被控侵权技术落入专利保护的范围之内。

（4）被控侵权的技术比专利技术的范围小，在专利权利要求书的基础上又增加了新的技术特征或者进行了改进，不管是否获得专利，实施该技术都落入专利权的保护范围之内。即使获得了专利权，也属于从属专利。未经在先专利权人的许可，实施从属专利也构成侵权。

例如，专利权利要求包括 A、B、C 三个技术特征，被控侵权人对专利技术方案作了进一步改进，增加了一个技术特征 D，获得了更好的技术效果，那么被控侵权的技术方案就包括 A、B、C、D 四个技术特征，但是被控侵权人在实施其改进的技术方案时，仍然需要重复再现专利权利要求的全部技术特征 A、B、C，根据"全面覆盖"原则属于侵权行为。

2. 等同原则

等同原则是指被控侵权技术中有一个或者多个技术特征，与专利权利要求保护的技术特征相比，仅仅是字面表述的不同，但其本质是相同的，即构成技术等同，在此情况下仍认定侵犯专利权。以该方法判断构成专利侵权的原则就是等同原则。

例如：简单将"皮带传送"改为"链条传送"。

实践中经常发生的专利侵权诉讼表现为，被控侵权的技术特征与专利技术特征并不完全相同，而是通过省略一些技术特征，或者增加一些技术特征，或者将专利权利要求书中的技术特征以其他简单的技术特征进行替换，如将皮带传送改为链条传送。为使专利权得到周全的保护，司法实践中形成了判断专利侵权的等同原则。

二、外观设计专利的侵权判定

（一）外观设计专利的保护范围

《专利法》第64条规定，外观设计专利权的保护范围以表示在图片或者照片中的该产品的外观设计为准，简要说明可以用于解释图片或者照片所表示的该产品的外观设计。因此，在侵权判断中，外观设计专利的图片或者照片起到了类似权利要求书的作用，而简要说明在一定程度上起到了类似说明书的作用。

（二）外观设计专利的侵权判断原则

判定被控侵权产品的外观设计是否侵权，首先确定被控侵权产品与外观设计专利产品是否同类（同为冰糕包装）或者相近类别（地板砖与墙砖）；在确定属于相同或者相近产品的基础上，再判断外观设计是否相同或者相似。如果两外观设计产品不在相同或者近似种类上，如花布与瓷砖，即使采用的外观设计相同也不视为侵权。

判断外观设计产品的种类是否相同或者相近，应当根据外观设计产品的用途确定。在确定产品的用途时，可以参考外观设计的简要说明、国际外观设计分类表、产品的功能以及产品销售、实际使用的情况等因素。进行外观设计是否相同及相似的判断时，不是以设计者的识别能力为标准，而是基于一般消费者的知识水平和认知能力。

第四节 专利侵权的例外判定

专利制度的工作机理，是通过给予专利权人对其发明创造一定时间内的合法"垄断"、获取市场回馈，进而激励发明创造，促进发明创造成果推广应用，最终推动技术进步和经济发展。专利制度在为专利权人提供保护的同时，还需兼顾专利技术使用者和社会公众的利益，以求达到最佳社会效益。为此，《专利法》对专利权的行使作出了一定限制，如不视为侵权的 5 种行为，善意侵权行为的部分免责，现有技术和现有设计抗辩原则。

一、不视为侵犯专利权的行为

《专利法》第 75 条规定下列情况虽然都是未经专权人许可实施其专利，但法律上不认为是侵犯专利权的行为，即不视为侵犯专利权，具体包括：专利权用尽、在先使用、临时过境的外国交通工具的使用、专为科学研究和实验目的的使用、专利药品和专利医疗器械的实验。

（一）专利权用尽

专利产品或者依照专利方法直接获得的产品，由专利权人或者经其许可的单位、个人售出后，专利权即为用尽，对这些产品的使用、许诺销售、销售、进口行为不再需要经过专利权人的许可，购买者可自由处置。注意：

（1）专利权用尽是相对于每一件投放市场的专利产品而言的。

（2）专利权用尽的前提条件是，专利产品或者依照专利方法直接获得的产品属于合法投放市场的产品，"经国务院批准指定的单位生产并售出的产品，或者依据国家知识产权局给予强制许可决定而生产并售出的产品"，也属于合法投放市场的产品。

（3）此处规定的单位、个人，既可以是中国单位或者个人，也可以是外国单位或者个人，只要其获得了专利权人的许可即可。

（4）对专利产品或者依照专利方法直接获得的产品的"售出"行为，不包括对专利产品的制造。

（二）在先使用权

在专利申请日前已经制造出相同产品、使用相同方法或者已经作好制造、使用的必要准备，并且仅在原有范围内继续制造和使用，不视为侵犯专利权。超过原有范围制造和使用的，则属于侵犯专利权的行为。

享受在先使用权，需要符合以下条件：

（1）必须有实施或者准备实施与专利技术相同的技术方案的行为，但不包括进口、许诺销售、销售、使用相同的产品或者依照相同方法直接获得的产品的行为。

（2）准备工作必须在专利申请日前已经进行。如果专利申请要求了优先权，则上述行为必须在优先权日前已经进行。

（3）在先使用行为必须是"善意"的，必须是根据申请日之前自己研究开发的技术或者通过合法途径所获得的信息而进行的。

（4）先用者的实施应当限于原来制造和使用的规模。

（三）临时过境的外国交通工具的使用

临时通过中国领陆、领水、领空的外国运输工具，依照双边协议或共同参加的国际条约，或者依照互惠原则，为运输工具自身需要而在其装置和设备中使用有关专利的行为。

享受此处例外，需要符合以下条件：

（1）临时进入中国领陆，领水、领空的外国运输工具。

（2）运输工具为自身需要而在其装置和设备中使用有关专利的行为。

（3）运输工具所属国与我国有协议、条约规定或者实施互惠原则。

（四）专为科学研究和实验目的的使用

所说的"科学研究和实验"，仅限于不是为了生产经营、不以营利为目的的科研活动，不包括与专利技术无关的科学研究和实验；所说的"使用有关专利"，是指为上述目的按照专利文件制造专利产品或者使用专利方法，对专利技术进行分析、考察以及研究如何改进。

（五）专利药品和专利医疗器械的实验

由于在药品或者医疗器械专利权保护期届满后，即使其他公司仿制该药品或者医疗器械，按照药品和医疗器械上市审批制度，仍然必须提供其药品或者医疗器械的各种实验资料和数据，证明其产品符合安全性、有效性等要求，才能获得上市许可。所以为使公众在药品和医疗器械专利权保护期限届满之后，尽快获得价格较为低廉的仿制药品和医疗器械，为提供行政审批所需要的信息，制造、使用、进口专利药品或专利医疗器械的，以及专门为其制造、进口专利药品或者专利医疗器械的，不视为专利侵权行为。

二、善意侵权行为的部分免责

《专利法》第77条规定，为生产经营目的使用、许诺销售或者销售不知道是未经专利权人许可而制造并售出的专利侵权产品，能证明该产品合法来源的，不承担赔偿责任。

注意事项：

（1）上述行为仍属于侵权行为，只是在证明其产品的合法来源后仅免除赔偿责任，并不能免除停止侵权的责任。因此，行为人被告知该产品为侵权产品后，不得再继续为生产经营目的销售或者使用该产品。

（2）能够部分免责的行为仅限于使用、许诺销售或者销售行为，不包括制造和进口的行为。

（3）善意侵权行为的对象不仅包括未经许可生产、销售的专利产品，还包括未经许可生产、销售的依照专利方法所直接获得的产品。

（4）免除被控侵权人赔偿责任的前提是其主观上是善意的、并且能够证明其产品的合法来源。

三、现有技术和现有设计抗辩原则

《专利法》第 67 条规定，在专利侵权纠纷中，被控侵权人有证据证明其实施的技术或者设计属于现有技术或者现有设计的，不构成侵犯专利权。

所谓"现有技术"是指申请日之前在国内外被公众所知的技术，"现有设计"是指申请日之前在国内外被公众所知的设计。若一项专利能被证明是现有技术或现有设计，该专利就属于被错误授权的专利或者不合格专利，侵权指控则不成立。

第五节　专利侵权类型及法律救济

一、专利侵权的种类

（一）直接侵权

直接侵权是指未经专利权人许可营利性实施其专利，具体包括两类。

1. 未经专利权人许可实施其专利

（1）制造专利产品；

（2）以生产经营为目的，故意使用发明或实用新型专利产品；

（3）故意销售他人专利产品；

（4）进口他人专利产品；

（5）使用他人专利方法以及使用、许诺销售、进口依照专利方法直接获得的产品。

2. 假冒专利

（1）在未被授予专利权的产品或者其包装上标注专利标识，专利权被宣告无效或者终止后继续在产品或者其包装上标注专利标识，或者未经许可在产品或者产品包装上标注他人的专利号；

（2）销售第（1）项所述产品；

（3）在产品说明书等材料中将未被授予专利权的技术或者设计称为专利技术或者专利设计，将专利申请称为专利，或者未经许可使用他人的专利号；

（4）伪造或者变造专利证书、专利文件或者专利申请文件；

（5）其他使公众混淆，将未被授予专利权的技术或者设计误认为是专利技术或者专利设计的行为。

（二）间接侵权

间接侵权，是指行为人实施的行为并不构成直接侵犯他人专利权，但故意诱导、怂恿、教唆别人实施他人专利，发生直接侵权。间接侵权的对象，仅限于"专用品"，是指仅可用于实施他人专利产品的关键部件，或者方法专利的中间产品等。

间接侵权的表现：

（1）故意制造、销售只能用于专利产品的关键部件，以供他人实施专利；

（2）制造、销售专利产品的拆分件，供他人组装使用；

（3）制造、销售专门用于实施专利产品的模具；

（4）用于实施专利方法的机器设备；

（5）未经专利权人授权或者委托，擅自许可他人实施专利技术。

二、专利侵权纠纷的法律救济

（一）法律救济方式

《专利法》第65条规定专利侵权纠纷的法律救济方式有三种。

1. 协商解决

双方当事人直接进行磋商，以达成解决争议的处理办法。

2. 行政处理

管理专利工作的部门处理时，认定侵权行为成立的，可以责令侵权人立即停止侵权行为，当事人不服的，可以自收到处理通知之日起 15 日内依照《中华人民共和国行政诉讼法》向人民法院起诉；侵权人期满不起诉又不停止侵权行为的，管理专利工作的部门可以申请人民法院强制执行。进行处理的管理专利工作的部门应当事人的请求，可以就侵犯专利权的赔偿数额进行调解；调解不成的，当事人可以依照《中华人民共和国民事诉讼法》向人民法院起诉。

3. 向人民法院起诉

被侵权人认为他人侵犯其专利权，可以以侵权人为被告提起民事诉讼。关于专利侵权纠纷民事案件的地域管辖，应由侵权行为地或被告所在地的人民法院管辖。

（二）向人民法院起诉的注意事项

1. 级别管辖

专利侵权纠纷不仅涉及法律问题，还涉及复杂的技术问题，专业性较强，为了保证案件审理的质量，专利侵权纠纷案件的级别管辖有特殊规定，并不是所有的中级人民法院都有管辖权，必须是最高人民法院确定的中级人民法院。

目前，有专利侵权管辖权的中级人民法院主要包括：各省、自治区、直辖市人民政府所在地的中级人民法院；经济特区的中级人民法院，如深圳市中级人民法院；其他较大城市的中级人民法院，如大连市、烟台市、青岛市等。

2. 地域管辖

对因专利侵权行为提起的诉讼，有管辖权的法院包括：侵犯专利权行为实施地的人民法院，侵犯专利权行为的结果发生地的人民法院，被告住所地的人民法院。

侵权行为地包括：被控侵犯发明、实用新型专利权的产品的制造、使用、许诺销售、销售、进口等行为的实施地；专利方法使用行为的实施地，依照该专利方法直接获得的产品的使用、许诺销售、销售、进口等行为的实施地；外观设计专利产品的制造、销售、进口等行为的实施地；假冒专利的行为实施地；上述侵权行为的侵权结果发生地。

3. 诉讼时效

《专利法》第 74 条规定：侵犯专利权的诉讼时效为 3 年，自专利权人或者利害关系人知道或者应当知道侵权行为以及侵权人之日起计算。

在实践中，侵犯专利权的行为有的是连续不断的，有的是断断续续的，最高人民法院司法解释规定：权利人超过 3 年起诉的，如果侵权行为在起诉时仍在继续，在该项专利权有效期内，人民法院应当判决被告停止侵权行为，侵权损害赔偿数额应当自权利人向人民法院起诉之日起向前推算 3 年计算。

第六节　专利侵权认定

一、专利侵权及其前提

专利侵权是指当专利权人之外的任何单位或个人，未征得专利权人同意或者允许，为生产经营目的实施了与专利技术相同或者相似的技术，司法机关或者行政机关通过运用一系列的方法、步骤，判断上述主体的行为是否侵犯了专利权人专利权的过程。

在确认专利是否构成侵权时，首先应当考虑该专利是否为一项合法、有效的专利。如果某项专利已过保护期，或者被国务院专利行政部门撤销，或者被复审和无效审理部宣告无效，或者专利权人自己已经放弃了专利权，尽管他人实施了该项技术，也不能被认定为构成侵权。换而言之，一项专利被侵权的前提是该项专利必须是一项受到《专利法》保护的有效专利。

二、发明和实用新型专利的侵权判定原则

专利侵权认定的核心为对比被控侵权的技术特征与专利技术特征。通过对比非专利权人实施的技术特征是否与专利技术特征有着本质的不同来判断是否构成侵权。在判断非专利权人实施的技术特征是否与专利技术特征有本质不同时，所运用的方法主要是看本国专利法在专利权保护范围认定问题上采用何种原则。我国专利法采用的是折中主义的保护原则，专利权的保护范围以权利要求的内容为准，用说明书

及附图解释权利要求。根据该原则，在认定是否构成侵权时有两个基本原则，即全面覆盖原则和等同原则。

（一）全面覆盖原则

《专利法》规定，专利权的保护范围以权利要求书中记载的权利要求内容为准，因此，如果某项非专利权人实施的技术特征与专利权利要求书中记载的技术特征完全一致，则肯定构成专利侵权。这是专利侵权最直接的表现形式，也叫全面覆盖原则。

所谓全面覆盖，是指被控侵权的技术将专利权利要求书中记载的技术方案的必要技术特征全部再现。

（二）等同原则

在实践中纯粹的字面侵权，即完全照搬他人专利技术或者完全仿制他人专利技术很少发生，所以，仅仅通过全面覆盖原则来判断专利侵权的构成远远不足。实践中经常发生的专利侵权诉讼表现为，被控的技术特征与专利技术特征并不完全相同，而是通过省略一些技术特征，或者增加一些技术特征，或者将专利权利要求书中的技术特征以其他简单的技术特征进行替换，但是也达到了只有专利技术才能达到的发明目的、优点或者积极效果。为了使专利权人的专利权得到周全的保护，但是又不会对其过分保护，司法实践中形成了判断专利侵权的等同原则。

思考与延伸

1. 简述开放许可、独占实施许可、排他实施许可、普通许可四者之间的区别。

2. 专利侵权行为的构成要件有哪些？

3. 下列关于专利权期限的说法，哪些是正确的？

（1）自授权公告日起计算；

（2）自办理登记日起计算；

（3）自申请日起计算。

4. 下列哪些行为不视为侵犯专利权？

（1）李老师发现一项在黑板上画圆的专利教具性能很好，就做了 3 个送给同事上课使用；

（2）美国在临时经过我国领空的飞机上安装了在我国受专利保护的座椅；

（3）甲厂独立研发了 A 产品，未料在 3 个月前乙厂就该产品技术申请了专利，甲厂在原有范围内继续制造 A 产品。

（4）张三从厂家批发了一批享有该厂专利权的感冒药进行销售。

5.【案例】侵权判断：

张师傅制造出了一种新型的空气净化器，并且立刻申请发明专利权。申请时提交的权利要求书包括 A、B、C 三个必要技术特征，张师傅在审查过程中为了获得专利权，将技术方案修改为具有 A、B、C、D 四个必要技术特征。修改后的技术方案获得了专利权。但后来的实践证明，缺少 D 技术特征，并不影响该技术目的的实现。因此张师傅实际生产销售的空气净化器产品仅包括 A、B、C 三个技术特征。

张师傅的空气净化器产品推向市场后，立刻出现了大量功能相类似的空气净化器产品。经过分析，乙公司生产的空气净化器具有 A、B、C 三项必要技术特征；丙公司生产的空气净化器具有 A、B、C、E 四项必要技术特征；丁公司生产的空气净化器具有 A、B、C、D、F 五项技术特征，且丁公司已经将具备该技术方案的空气净化器申请专利并获得了专利权；己公司生产的空气净化器具有 A、B、C、D 四项技术特征，但空气净化器采用了一种新的专利方法来生产，该方法完全不同于张师傅的生产方法。

试分别分析以上案例中乙、丙、丁、己四家公司制造、销售空气净化器产品的行为是否侵犯了张师傅的专利权，为什么？

第七章 专利文献与检索

 教学要点

具体包括：专利文献，专利分类体系和专利检索。专利文献是一个巨大的知识宝库，可以从网上免费获得，是世界上管理最精确、组织最严密的技术情报源之一。它充分反映出现代科学技术发展的最新成果和水平，在科研开发、技术创新、生产经营中起到十分重要的作用。通过本章学习，正确了解专利文献的特点及分类体系，掌握中国及国外常见网站的专利检索技能。

案例

引进专利技术需要注意什么？

深圳一家公司欲引进香港的一项衬衣制作发明专利进行生产，在引进前应注意什么事项？做哪些准备工作？

第一节 专利文献

专利文献主要是指是各国专利局及国际性专利组织在审批专利过程中产生的官方文件及其出版物的总称。主要包括：专利申请说明书、专利说明书、实用新型说明书、外观设计说明书、专利公报，上述文献的电子形式出版物等。

一、专利文献的特点

专利文献具有的特点：数量巨大、内容广博；覆盖面广，反映新的科技信息；内容详尽，集多种信息于一体；文件结构一致，著录项目统一，数据规范，便于检索。

二、专利文献的作用

专利文献集技术、经济、法律于一体，具有传播技术信息、法律信息和提供竞争情报的作用。通过专利文献，可以达到以下目的：

（1）启迪创新思路，避免低水平重复性劳动；

（2）判断发明创造的专利性，提高专利申请质量；

（3）作为专利诉讼的有力依据，正确处理专利纠纷；

（4）防止上当受骗，合理引进先进技术，提升市场竞争力；

（5）了解竞争对手，分析市场动态，为决策制定提供支撑。

三、专利的国别代码

专利的国别代码指专利文献中用来表示发行专利说明书的国家和地区性国际组织名称的国际标准代码。一般用两位英文字母表示，标注在各国专利号之前（表2-7-1）。

表2-7-1　专利的国别代码

代码	国家/组织
AU	澳大利亚（Australia）
CA	加拿大（Canada）
CN	中国（China）
DE	德国（Germany）
EP	欧洲专利局（European Patent Office）
JP	日本（Japan）
US	美国（United States of America）
WO	世界知识产权组织（WIPO）

四、同族专利

专利权有地域性。在跨国专利活动中，同一发明如果想在多个国家或者地区获得专利保护，就需要向不同国家或国际组织分别提出申请，经过多次公布或批准，在多个国家分别获得专利保护，这些专利通常被称为同族专利或者专利族。同族专利通常被视为发明创造获得全球范围专利保护的主要手段，同族专利中的每件专利通过优先权相互关联，同一专利族中每件专利互为同族专利。通过查询同族专利，可以了解技术发展趋势以及竞争对手的市场布局等信息。

同族专利文献的分布状况，反映了该发明创造潜在的国际技术市场和该企业在全球的经济势力范围。分析同一发明所拥有的同族专利数量，有助于评价一项发明的重要性。利用同族专利可以帮助阅读者克服语言障碍，可以解决专利文献的资源不足问题，可以提供有关该相同发明技术主题的最新技术进展、法律状态和经济情报，还可以为各工业产权局审批专利提供参考。

五、中国专利文献著录项目

国家知识产权局依据 WIPO ST. 9 和 WIPO ST. 80 推荐标准，制定出适用于我国各种专利单行本扉页上专利文献著录项目的行业标准 ZC0009—2006，以规范中国各种专利单行本扉页上专利信息的表达。在专利文献著录项目中，有些属于通用项目，在每类、每项专利单行本扉页上的著录项目（INID）代码和名称完全相同；有些属于专用项目，有专用 INID 代码和名称，仅在特定专利单行本扉页上使用；有些项目在不同专利单行本扉页上使用时 INID 代码相同，而名称不同。

例如，在每种专利单行本扉页上，著录项目申请号的 INID 代码都是 21，申请人和专利权人名称同样是"山东理工大学"，在发明专利申请单行本扉页上，著录项目申请人的 INID 代码是 71，在发明专利单行本扉页上，专利权人的 INID 代码是 73。

（一）中国发明专利申请单行本扉页上的著录项目

(19) 中华人民共和国国家知识产权局

(12) 发明专利申请

(10) 申请公布号 CN 101750217 A
(43) 申请公布日 2010.06.23

(21) 申请号 201010003867.4

(22) 申请日 2010.01.08

(71) 申请人 山东理工大学
　　地址 ××××

(72) 发明人 ×××

(51) Int. Cl.
　　 G01M 17/06 (2006.01)

权利要求书 1 页　说明书 3 页　附图 2 页

(54) 发明名称
　　汽车多工况模拟转向试验台

(57) 摘要

　　本发明提供一种汽车多工况模拟转向试验台,包括转向盘、第一联轴器、转矩传感器、角位移传感器、第二联轴器、转向器和计算机,其特征在于:增设联接件、齿轮齿条机构、第三联轴器、减速机和交流伺服电机,其中齿轮齿条机构的输入端经联接件与转向器的输出端固定联接,输出端经第三联轴器与减速机的低速端联接,减速机的高速端与交流伺服电机的输出轴固定联接,交流伺服电机的角位移信号输出端及控制信号输入端均接计算机,计算机根据角位移传感器测得的转向盘角位移和交流伺服电机的输出信号,并结合车型参数和汽车运行工况,控制交流伺服电机工作。本试验台能够模拟不同的转向运动或载荷,并且可以保证在异常大载荷情况下保护转矩传感器。

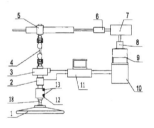

（二）中国发明专利单行本扉页上的著录项目

(19) 中华人民共和国国家知识产权局

(12) **发明专利**

(10) 授权公告号 CN 101750217 B
(45) 授权公告日 2011.06.29

(21) 申请号 201010003867.4

(22) 申请日 2010.01.08

(73) 专利权人 山东理工大学
　　地址 ××××

(72) 发明人 ×××

(51) Int. Cl.
　　G01M 17/06 (2006.01)

(56) 对比文件
　　CN 101017117 A, 2007.08.15,
　　US 6848534 B2, 2005.02.01,
　　CN 201594043 U, 2010.09.29,
　　CN 101318518 A, 2008.12.10,
　　CN 201177565 Y, 2009.01.07,
　　CN 201615832 U, 2010.10.27,
　　JP 2008107248 A, 2008.05.08,

CN 101377453 A, 2009.03.04,
　　苗立东等. 基于相位补偿的电动助力转向系统控制方法.《交通运输工程学报》.2007, 第 7 卷（第 1 期），
　　徐建平等. 电动助力转向系统回正控制算法研究.《汽车工程》.2004, 第 26 卷（第 5 期），

　　审查员 ×××

权利要求书 1 页　说明书 3 页　附图 2 页

(54) **发明名称**
汽车多工况模拟转向试验台

(57) **摘要**

　　本发明提供一种汽车多工况模拟转向试验台，包括转向盘、第一联轴器、转矩传感器、角位移传感器、第二联轴器、转向器和计算机，其特征在于：增设联接件、齿轮齿条机构、第三联轴器、减速机和交流伺服电机，其中齿轮齿条机构的输入端经联接件与转向器的输出端固定联接，输出端经第三联轴器与减速机的低速端联接，减速机的高速端与交流伺服电机的输出轴固定联接，交流伺服电机的角位移信号输出端及控制信号输入端均接计算机，计算机根据角位移传感器测得的转向盘角位移和交流伺服电机的输出信号，并结合车型参数和汽车运行工况，控制交流伺服电机工作。本试验台能够模拟不同的转向运动或载荷，并且可以保证在异常大载荷情况下保护转矩传感器。

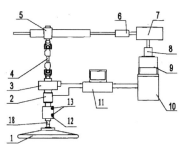

CN 101750217 B

（三）中国实用新型专利单行本扉页上的著录项目

(19)中华人民共和国国家知识产权局

(12)实用新型专利

(10)授权公告号 CN 202112612 U
(45)授权公告日 2012.01.18

(21)申请号 201120229300.9

(22)申请日 2011.06.30

(73)专利权人 山东理工大学
地址 ××××

(72)发明人 ×××

(51)Int.Cl.
A47B 63/00 (2006.01)
A47B 96/00 (2006.01)

(ESM)同样的发明创造已同日申请发明专利

权利要求书 1 页 说明书 1 页 附图 1 页

(54)实用新型名称
图书馆用多功能书架

(57)摘要
  本实用新型提供一种图书馆用多功能书架，包括支架和安装在支架上的多层托书板，其特征在于：位于支架中部的托书板底部设有写字板，写字板的两侧设有导轨，对应于导轨，托书板底部设有导槽，导轨安装在导槽内，使得写字板能在导槽内抽拉滑动。本实用新型通过在位于支架中部的托书板底部设有可抽拉的写字板，读者看书时可以把书放在写字板上，做笔记时写字板可以起到书桌的作用，这样就大大完善了图书馆用书架的功能。

CN 202112612 U

（四）中国外观设计专利单行本扉页上的著录项目

(19) 中华人民共和国国家知识产权局

(12) 外观设计专利

(10) 授权公告号　CN 301821148 S
(45) 授权公告日　2012.02.01

(21) 申请号　201130180619.2

(22) 申请日　2011.06.20

(73) 专利权人　×××
　　地址　××××

(72) 设计人　×××

(51) LOC (9) Cl.
　　07-01

图片或照片 25 幅　简要说明 1 页

(54) 使用外观设计的产品名称
　　茶具（云水遥茶具）

使用状态参考图

第二节　专利分类体系

为便于管理和利用专利文献，一些国家建立起自己的专利分类体系，如美国、日本等。为了解决各国分类思想的差异而造成的专利文献使用困难，诞生了国际通用的专利分类体系。对于发明专利和实用新型专利申请，大多数工业产权局采用国际专利分类（也称"IPC分类"）。对于工业品外观设计申请，大多数工业产权局采用工业品外观设计国际分类。

一、IPC 分类

IPC分类的原则是功能和应用相结合，以功能为主，应用性为辅。分类号由英文字符与阿拉伯数字混合，由高至低依次排列分类号，设置的顺序是部、大类、小类、大组、小组。

部是分类表等级结构的最高级别，用大写英文字母 A ~ H 表示 8 个部的类号，具体如下：

A：人类生活必需。

B：作业；运输。

C：化学：冶金。

D：纺织；造纸。

E：固定建筑物。

F：机械工程；照明；加热；武器；爆破。

G：物理。

H：电学。

一个完整的分类号，由部、大类、小类、大组或者小组结合构成。例如：

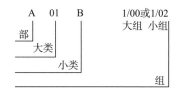

二、外观设计分类

外观设计分类体系有别于发明和实用新型的分类体系，采用的是国际外观设计分类法，即洛迦诺分类法。

《国际外观设计分类表》包括大类和小类表，目前采用的第 9 版《国际外观设计分类表》包括 32 个大类和 219 个小类，每个分类号都由大类和小类构成。例如：

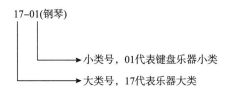

第三节　专利检索

专利检索是以专利文献为检索对象，检索者根据目的设定检索条件，从专利数据库中查找符合特定要求的专利文献或信息的过程。本节主要以图示的方式介绍中国国家知识产权局、美国专利商标局、欧洲专利局、日本专利局和国际知识产权组织网站的专利检索。

一、专利信息检索类型

专利检索类型主要依据专利检索目的划分，具体包括以下种类。

（一）专利技术主题检索

专利技术主题检索，是指从任意一个技术主题对专利文献进行的检索，其目的是找出与技术主题相关的参考文献。其作用主要是：了解技术研发现状，为发明创造提供技术参考，为引进技术进行技术水平比较，为制定发展战略提供决策支撑。

（二）专利新颖性或创造性检索

专利新颖性或创造性检索，是指为确定发明创造是否具备新颖性或创造性进行的检索，其作用主要是：判断发明创造的新颖性或创造性，主动预防侵权，为请求宣告专利权无效寻找证据。

（三）专利法律状态检索

专利法律状态检索，是指对一项专利或专利申请当前所处的状态（如是否授权，是否有效）等信息所进行的检索。其主要作用是：判断准备采用的专利技术是否会造成侵权纠纷，预先判断准备引进的技术是否还有效，产品出口前确定产品所涉及的进口国专利是否有效。

（四）同族专利检索

同族专利检索，是指以某一专利或专利申请为线索，查找与其同属于一个专利族的所有成员。其主要作用是：解决技术难题过程中提取所熟悉语言的专利参考文献，引进技术前或产品出口前了解专利保护的地域性信息，辅助判断专利的市场价值。

（五）专利相关人检索

专利相关人检索，也称申请人/专利权人/发明人等检索，主要作用是制定战略过程中进行竞争对手分析，市场开发过程中了解合作伙伴实力，解决难题过程中寻找突破点。

二、IPC 检索

查全率和查准率是评价专利检索效果的两个主要指标。在选择用主题词进行检索时，一般要考虑同义词或近义词，甚至是上位概念或下位概念，选择不当就会造成漏检或者检索条件太宽泛、查准率低的结果。在此情况下融入 IPC 分类号辅助确定检索范围就比较科学，因为 IPC 分类原则是以功能为主、应用为辅，这样无论同义词或近义词、上位概念或下位概念有多少，用功能限定最为合适。

例如，为研制一款新口味冰糕进行的专利检索。

通常，冰糕的别称有雪糕、冰棍、冰激凌、棒冰等，若用主题词检索，势必要把上述全部输入，否则会产生漏检。然而即使全部输入，也会产生"配方、盛放容器、成型装置、生产工艺、生产装备、冰糕厂废水处理"等技术关联。根据检索目的，本检索任务更多是关联冰糕配方，此时可以辅助 IPC 分类号进行检索。IPC 分类表中，A23G9/00 代表"冰冻甜食"，A23G9/04 代表"冰冻甜食的生产"，A23G9/32 代表"以冷冻甜食的成分为特征"，A23G9/44 代表"以形状、结构或者物理形态为特征"，在主题词检索的基础上增加分类号为"A23G9/32"的检索条件，就会剔除不相关的技术内容，若是只用分类号"A23G9/32"进行检索，还能克服因为"同义词或近义词"不全引出的漏检问题。

三、互联网专利信息资源检索

（一）国家知识产权局网站

国家知识产权局网站网址为 https：//www. cnipa. gov. cn，该网站提供 1985 年以来公布的中国发明、实用新型和外观设计专利，数据内容包括基本著录信息（如申请人、专利权人、发明人、申请号、申请日等）、专利技术信息（专利说明书、权利要求书、附图和摘要等）以及法律信息（在权利要求书、专利公报及专利登记簿等专利文献中记载的与权利保护范围和权利有效性有关的信息），图 2 - 7 - 1 为该网站主页的标题栏。除此以外，该网站还链接有 20 多个国外或地区知识产权网站，可以进行专利信息检索。

图 2 - 7 - 1　国家知识产权局网站的标题栏

1. 注册和登录

要进入国家知识产权局网站进行专利检索或分析，首先要进行注册和登录（https：//tysf. cponline. cnipa. gov. cn/am/#/user/login），图 2 - 7 - 2 为该网站的注册和登录页面。注册账号可以选择 3 种方式，包括自然人、法人和代理机构注册。选择其中一种注册方式即可使用公众检索系统，在系统登录界面输入账号、密码和验证码即可登录。

图 2 - 7 - 2　国家知识产权局网站注册和登录页面

2. 专利信息检索

专利信息检索功能设在国家知识产权局"公共服务网"下属的"检索查询"标题栏中（http：//ggfw. cnipa. gov. cn：8010/PatentCMS_Center），专利（发明和实用新型）检索和外观设计专利检索分开进行（图 2 - 7 - 3），其中专利检索又分为"常规检索"和"高级检索"2 类。

图 2 - 7 - 3　国家知识产权局网站的专利信息检索页面

（1）常规检索。

常规检索是一种方便快捷的检索模式，检索页面见图 2 - 7 - 4，可以帮助用户快速定位检索对象。如果用户在检索目的方面非常明确，或者是初次接触专利检索，可以选择常规检索作为检索入口。进入专利检索页面后，系统会默认显示常规检索页面。常规检索页面提供了5个检索字段供用户选择，包括申请号、公开号、申请人、发明人、发明名称。其中，自动识别是一个检索字段选项，用户可以选择自动识别并在检索式编辑区域中输入相关内容，在选择数据范围后，点击检索按钮，即可执行检索操作，检索结果会在新页面中显示。

图 2-7-4　国家知识产权局网站的专利常规检索页面

（2）高级检索。

高级检索主要提供检索入口和智能辅助功能，检索页面见图2-7-5，用户可在相应的检索表格项中输入检索要素，并确定项目间的逻辑运算，拼成检索式实现检索。在专利检索页面上方点击菜单导航中的检索，选择下拉菜单中的高级检索进入检索界面。高级检索界面包含三个区域：范围筛选、筛选检索项和检索式编辑区。用户可选择数据范围，例如发明申请和美国，或通过点击更多按钮查找更多国家。在相应字段输入关键词，点击生成检索式按钮，完成检索式的构建，构建后的检索式显示在下方检索式编辑器中，点击检索按钮，系统执行检索操作并在新页面显示检索统计结果。

图 2-7-5　国家知识产权局网站的专利高级检索页面

（二）国外主要专利检索网站

1. 美国专利商标局网站

美国专利商标局（USPTO）是美国政府负责管理及颁发专利的机构，也是全球最大的专利商标局之一，网站网址为 https：//www. uspto. gov，网站的标题栏见图 2－7－6。USPTO 拥有庞大的专利数据库和商标数据库，可提供 1790 年以来的授权专利、2001 年以来的专利申请公布数据、1980 年以来的专利权转移数据、美国专利法律状态库以及专利公报数据库。USPTO 网站以专利申请号或者专利号进行快速检索的页面和常规检索的页面分别如图 2－7－7 和图 2－7－8 所示。

图 2－7－6　USPTO 网站的标题栏

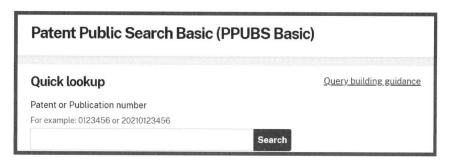

图 2－7－7　USPTO 网站的专利快速检索页面

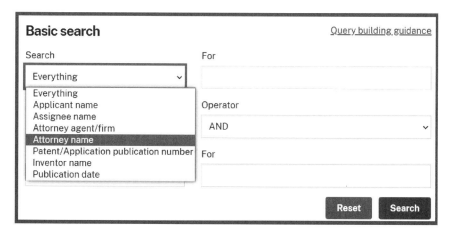

图 2－7－8　USPTO 网站的专利常规检索页面

2. 日本特许厅网站

日本特许厅网站是日本政府机构之一，负责管理和颁发日本各种专利、商标、实用新型等知识产权的注册和管理，网站网址为 http：//www. jpo. go. jp。该网站提供自 1885 年以来公布的所有专利、实用新型和外观设计的专利信息资源，此外该网站还提供多种服务，如通过电子申请系统在线申请和维护专利、商标等知识产权。

3. 欧洲专利局网站

欧洲专利局网站网址为 https：//www. epo. org。欧洲专利局在以下两个网址提供专利信息，分别是 ESPACENET 专利检索（https：//worldwide. espacenet. com，网站页面见图 2 - 7 - 9）和 EPOLINE 欧洲专利法律状态查询（https：//register. epo. org/regviewer）。ESPACENET 专利检索提供 1978 年以来欧洲专利和国际申请公布的著录信息和全文，世界 90 多个国家、地区及组织的专利著录数据和全文。EPOLINE 欧洲专利法律状态查询提供欧洲专利的法律状态信息和制定进入欧洲阶段的国际申请的法律状态信息。

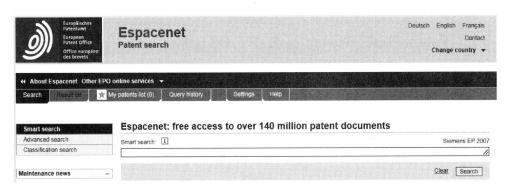

图 2 - 7 - 9　欧洲专利局网站的页面

4. 世界知识产权组织网站

世界知识产权组织网站是一个全球性的知识产权信息平台，网址为 http：//www. wipo. int。该网站提供 1978 年以来国际申请公布的著录信息和全文，以及国际外观设计注册信息。此外，该网站还提供了各种专利信息研究和分析工具，如专利检索和分析工具、专利统计数据、专利分类和领域分析等，以帮助用户更好地了解和分析专利信息。

思考与延伸

1. 简述专利文献的概念及特点。

2. 简述专利文献的作用。

3. 熟悉国际专利分类和外观设计分类。

4. 在国家知识产权局网站以自然人方式进行注册及登录。

5. 自选主题，分别进入本章所介绍的网站进行专利检索。

第三编 著作权法基础与实务

本编概述

　　著作权是知识产权的重要组成部分。著作权法是现代社会发展中不可缺少的一种法律制度,其立法目的是确认、保护作者权益,平衡作品作者、作品传播者与公众之间的利益,对丰富人们的精神生活,提高全民族的科学文化素质,促进社会主义文化和科学事业的发展与繁荣起着极其重要的作用。本编主要包括著作权及其内容、著作权客体与主体、著作权的取得与限制、邻接权、著作权侵权与责任。

第一章　著作权及其内容

教学要点

　　具体包括：著作权概念及法律特征，著作权法律制度的起源与发展，著作人身权和著作财产权的种类及内容。通过本章学习，能够深入了解我国著作权制度的历史沿革，掌握著作权、著作人身权和著作财产权的基本含义，正确理解每项著作人身权和著作财产权的具体法定权利内容。

案 例

磁化杯引起的诉讼

　　贾某设计了一张多功能磁化杯的图纸，设计的磁化杯具有磁化、保温、密封性好和携带方便的功能。贾某的朋友、某公司经理看到贾某的创意不错，未征求贾某意见便自行组织生产了一批投向市场，贾某认为该公司侵犯了自己的著作权。

　　思考　公司是否侵犯了贾某的著作权？为什么？

第一节　著作权概述

一、著作权概念

著作权，亦称版权，英文为"copyright"，指自然人、法人或者非法人组织对文学、艺术及科学作品依法享有的人身权和财产权的总称。著作权是因文学、艺术和科学作品而产生的民事权利，没有作品的产生就没有著作权。

在我国，著作权有狭义和广义之分。狭义的著作权是作者对作品所享有的权利，广义的著作权还包括邻接权，即作品传播者享有的权利，如表演者、录音录像制品制作者、广播电视组织者以及出版者的权利。本书所称的著作权是狭义著作权。

著作权是一种复合权利，是人身权和财产权的合一。人身权系指作者基于作品创作所享有的各种与人身相联系而无直接财产内容的权利；财产权又称经济权利，系指著作权人自己使用或者授权他人以一定方式使用作品而获取经济利益的权利。

二、著作权的法律特征

著作权是文学艺术科学领域最重要的知识产权之一，是我国自然人、法人或非法人组织依法享有的民事权利。与一般的民事权利相比，著作权有其自己的法律特征：

（1）"两权一体"性。所谓"两权一体"系指著作权集人身权和财产权合二为一。

（2）无形性。系指著作权的权利客体（作品）具有无形性，不占有物理空间，不发生实物毁损。作品载体的所有权的转移并不意味着著作权的转让。

（3）支配性。系指作者有权按照自己的意志对作品进行利用或处置，并取得其权利利益，无须借助他人行为。

（4）分享性。系指著作权中的同一项权利可以同时被多个主体分别享有。例如作品的表演权可在一定时间内由甲、乙、丙三个主体分别享有。

（5）期限性。系指作者的部分人身权和全部财产权只在法定期限内受到法律保护，一旦超出了法定期限，法律保护的效力当即消失。

（6）地域性。系指著作权在法律规定的区域内受到法律保护，一旦超越了该区域，法律保护的效力消失。

三、著作权制度的发展历史

著作权法是涉及作品创作者和使用者利益的法律规范的总称，立法目的是确认、保护作者权益，衡平作品作者、作品传播者与公众之间的利益。

（一）著作权制度的诞生

著作权制度起源于欧洲。世界上第一部保护作者权利的法律——《安娜女王法》于 1709 年在英国议会通过，该部法典的颁布和实施标志着著作权制度的诞生，对以后世界各国的版权立法产生了重大影响。《安娜女王法》的立法目的是为鼓励创作，赋予了作者复制权和发行权。但该部法典的保护仅涉及文字作品的著作财产权，并未涉及作者的精神权利，直到 1793 年法国《作者权法》的出台，强调作者精神权利保护的著作权制度才正式出现。

（二）我国著作权制度的产生与发展

我国历史上第一部系统的著作权法是 1910 年清政府颁布的《大清著作权律》。该法律由于是在 1911 年辛亥革命的前一年颁布的，基本上没有得到实施，但在我国著作权立法的历史上还是产生了深远影响，奠定了我国著作权法的基础。后来，北洋政府和国民政府相继颁布的著作权法，基本沿袭了《大清著作权律》的内容和架构。

1990 年 9 月 7 日，我国第七届全国人民代表大会常务委员会第十五次会议通过《著作权法》，该法于 1991 年 6 月 1 日起实施。随即，又颁布了国务院通过的《中华人民共和国著作权法实施条例》和《中华人民共和国计算机软件保护条例》。

2001 年 10 月 27 日，我国第九届全国人民代表大会常务委员会第二十四次会议通过《关于修改〈中华人民共和国著作权法〉的决定》，对《著作权法》进行第一次修正。

2010 年 2 月 26 日，我国第十一届全国人民代表大会常务委员会第十三次会议通过《关于修改〈中华人民共和国著作权法〉的决定》，对《著作权法》进行第二次修正。

2020 年 11 月 11 日，我国第十三届全国人民代表大会常务委员会第二十三次会议通过《关于修改〈中华人民共和国著作权法〉的决定》，对《著作权法》进行第三次修正，自 2021 年 6 月 1 日起施行。

第二节　著作人身权

一、著作人身权概念

著作人身权，是指作者通过创作出表现个人风格的作品而依法享有获得名誉、声望和维护作品完整性的权利。

著作人身权与作者人身相联系或者密不可分，但无直接财产内容，不可转让、剥夺和限制。作者去世后，一般由其继承人或者法定机构予以保护。《著作权法》第10条规定，著作人身权包括四项权利：发表权，即决定作品是否公布于众的权利；署名权，即表明作者身份，在作品上署名的权利；修改权，即修改或者授权他人修改作品的权利；保护作品完整权，即保护作品不受歪曲、篡改的权利。

二、著作人身权特点

一般而言，著作人身权具有永久性、不可分割性和不可剥夺性的特点。

（一）永久性

永久性，是指著作人身权的保护在一般情况下不受时间限制。因著作权的非物质性属性，导致作品不会像有体物一样因使用而损耗或灭失，著作人身权将永久存在。但是发表权是例外，具有期限性，保护期限与财产权保护期限一样。

（二）不可分割性

不可分割性，是指著作人身权与作者本身不可分离，专属于作者，即著作人身权不可转让。

（三）不可剥夺性

不可剥夺性，是指任何单位或个人不得以任何理由剥夺作者的著作人身权，除非有法律另行规定。

三、著作人身权内容

（一）发表权

1. 发表权含义

发表权是指作者决定是否将作品公开且通过何种方式公开的权利。发表，是指作者自行或者经作者许可将作品以出版、广播、上网、表演、展览等方式向不特定的社会公众公开，以使社会公众能知悉的状态。

作品发表应具备两个构成条件：一是作者有将作品公开的意愿表示；二是作者客观上要有将作品公开的事实，使之能被不特定社会公众知悉。因此，如果作者没有公开意愿表示，其他人擅自将其作品公开，则侵犯了作者的发表权。如果作者有将作品公开的意愿表示，但客观上没有将作品公开的事实，未能使不特定社会公众知悉，也不构成发表，如作者向杂志社投稿论文但没有被录用，该论文不构成发表。

2. 发表权特点

（1）发表权是一次性权利，无论何时何地，作品一旦问世即为发表，发表权只能行使一次。

（2）发表权通常不能单独行使，需和其他财产权一起行使，通常作者不可能在将其他财产权转让出去的情况下，自己还保留发表权。

（3）发表权专属于作者，通常不能转移。此外，发表权往往还受到第二人权利的制约。例如，要发表人物肖像作品，通常应取得肖像权人的许可。

3. 发表权行使

发表权行使主体是作者。但在特定情形中，为了作品传播、使用，法律规定发表权可由作者以外的人行使。例如，作者身份不明的，发表权由作品原件的合法持有人行使。作者生前未发表的作品（遗作），如果作者未明确表示不发表，在其死亡后的 50 年内，在没有继承人或受遗赠人时，原件所有人可以行使该作品的发表权。

（二）署名权

1. 署名权含义

署名权，是指作者决定在作品上是否署名以及如何署名以表明作者身份的权利。

2. 署名权内容

（1）决定是否在作品上署名。

（2）决定署名的方式，如真名或假名、代名、艺名、笔名、别号等；法人、非法人单位署其名称、商号等。

（3）禁止未参加创作的人在作品上署名。

（4）禁止自己的姓名被盗用在他人作品上。

（三）修改权

1. 修改权含义

修改权是指作者修改或者授权他人对自己作品进行修改的权利，主要是涉及对作品进行更正、删节或补充等非实质性改动。

修改强调对作品非实质性内容进行更改，修改权既可以由作者本人行使，也可以由作者授权他人行使，他人未经作者授权不得擅自修改。但是修改权不得对抗物权。例如，某画家将自己的绘画作品已经出卖他人，若想修改这幅绘画，必须取得该作品所有人的同意，同样作品所有人也不享有修改权，即无权对绘画进行修改。

2. 不视为侵犯修改权的三种例外情况

（1）著作权人许可他人将作品摄制成电影和电视剧的，视为已同意对其作品进行必要的改动，但这种改动不得歪曲篡改原作品。

（2）报社、杂志社、出版社等对作品中存在的诸如语法错误、标点符号错误等修改，不视为侵犯修改权，但对内容的修改除外。

（3）计算机软件的合法持有人为了该软件用于实际的计算机应用环境或者改进其功能和性能，可不经软件著作权人同意而进行必要的修改。

（四）保护作品完整权

1. 保护作品完整权含义

保护作品完整权，即保护作品不受歪曲、篡改的权利，其中作品的完整性也包括标题的完整性。

2. 保护作品完整权内容

（1）禁止修改。未经作者许可，他人不能改动作品的内容、结构或形式。这意味着不能改变作品的文字、图像、音频等元素，不能重新排列作品的章节或部分，不能修改作品的外观或格式。

（2）禁止篡改。作品的原始表达方式不应该被改变或扭曲。这表示不应该篡改作品中传达的思想、情感或信息，以便保持作品的真实性和原始性。

（3）禁止解构。未经作者许可，他人不得将作品拆分成不同的部分或片段，然后进行单独使用或修改。

（4）禁止模糊。不应以任何方式或方法扭曲或混淆作品的主题、意义或信息。

第三节　著作财产权

一、著作财产权概念

著作财产权，是指著作权人依法享有的利用作品或者许可他人利用其作品获得报酬的权利。

著作财产权受地域、时间等因素的限制，可以转让、继承或放弃。作品的使用能为著作权人带来一定的经济收益，著作财产权的确认和保护作为著作权法律制度的基本内容，目的是明确作者对作品享有哪些获得经济利益的专有权。需要注意的是，由于产生著作权的作品是非物质性知识产品，所以著作财产权的使用方式不以作品的物理属性决定，而是随着科技发展和社会变革而不断演进。例如，随着网络技术的发展，作品可以通过互联网进行在线传播和交互。

二、著作财产权特点

著作财产权与著作人身权相比，具有如下特点：

（1）物质利益性。作品是一种特殊的商品，对作品的利用通常会给著作权人带来一定的经济利益，著作财产权中的所有权利都是与经济利益有关的，保护著作财产权的目的主要是保护著作权人的经济利益不受侵害。

（2）可转让性。著作财产权可以与著作权人分离，他人可以通过受让或继承成为新的著作权人。

（3）期限性。著作财产权具有明显的保护期限，超过了著作权法规定的保护期限，著作财产权就不再受法律保护，作品进入公有领域，可以被任何人自由使用。

三、著作财产权内容

(一)复制权

复制权,即指通过印刷、复印、拓印、录音、录像、翻录、翻拍、数字化等方式,将作品由一份变成多份的权利。复制权是著作财产权中最常用、最基本的权利。需要注意的是:

(1)复制是指以静态的文字、图像或动态的声音、图像等形式将作品原样再现出来。复制可以是多份,也可以是一份。但是,并非任何再现作品行为都是复制,如表演、播放、改编和翻译再现作品行为不是复制。

(2)复制并不要求是直接来源于原件的复制,也包括对作品复制件的再复制。

(3)复制不仅指现场、即时的复制,也指异地、事后的复制。例如通过传真完成作品的副本,凭大脑记忆再现作品等都是复制。复制可以是原封不动的,也可以是有所改变的,但主要信息是不变的。

(4)从立体载体到平面载体的复制,主要是对立体作品的摄影、临摹、录像、拓印的行为。但是对陈列于公众场所的艺术作品或建筑作品的临摹、绘画、摄影和录像,一般视为合理使用。

(二)发行权

发行权,即指以出售、赠与或者其他转让所有权的方式向公众提供作品的原件或者复制件的权利。著作权人有权决定作品发行的方式、范围,有权选择发行者。需要注意的是:

(1)发行权的效力主要涉及作品复制品的发行主体、发行范围、发行数量和发行方式。发行权可以是著作权人自己行使,也可以授权他人行使。我国规定只有出版社才能从事出版物的出版发行。

(2)即使是经过著作权人授权的发行主体,若擅自改变发行范围、发行数量和发行方式的,都属于侵犯发行权的行为。

(3)作者对发行权的行使实行"权利穷竭原则",即作品在首次发行后,他人便可以自由销售这些已经发行的作品复制品,但不包括复制行为。

（三）出租权

出租权，即指有偿许可他人临时使用视听作品、计算机软件的原件或者复制件的权利，计算机软件不是出租的主要标的除外。

需要注意的是：

（1）享有出租权的作品仅限于视听作品和计算机软件。

（2）对于计算机软件而言，如果其不是出租的主要标的（如出租的是3D打印机，但3D打印机中安装有计算机软件），著作权人不能主张计算机软件的出租权。

（四）展览权

展览权，即指作者享有公开陈列美术作品、摄影作品的原件或者复制件的权利。

需要注意的是：

（1）享有展览权的作品只包括美术作品、摄影作品原件或者复制件。

（2）美术作品的展览权由原件所有人享有。

（3）美术作品、摄影作品的内容涉及他人的肖像时，如果著作权人要行使展览权，必须征得肖像权人的同意，否则可能侵犯他人的肖像权。

（五）表演权

表演权，即指公开表演作品，以及用各种手段公开播送作品的表演的权利。

需要注意的是：

（1）公开表演，又称为直接表演，具体是指通过演员的声音、表情、动作在现场直接公开表演作品。

（2）用各种手段公开播送作品的表演，又称为机械表演或间接表演。如将现场表演用转播设备直接进行播放或者将录制下来的现场表演再通过录音机等技术设备向公众播放。

（六）放映权

放映权，即指通过放映机、幻灯机等技术设备公开再现美术、摄影、电影或以类似摄制电影的方法创作的作品等的权利。

需要注意的是：

机械表演与放映十分相似，都是利用设备展示作品且传播主体和受众处于同一场所，区别仅在于：放映权主要是美术、摄影、影视作品、文字手稿的著作权人所享有的权利。换而言之，放映权属于表演权中机械表演的范畴，法律单独规定这种权利，是为了强调对特定作品在以放映方式利用时的权利保护。

（七）广播权

广播权，又称播放权，即指以有线或者无线方式公开传播或者转播作品，以及通过扩音器或者其他传送符号、声音、图像的类似工具向公众传播广播的作品的权利。广播权是作者许可或禁止他人广播自己作品的权利，但不包括信息网络传播权。

广播权中的播送作品有三种具体方式：

（1）无线广播，即以无线电磁波形式向空间发射传播信号，以供接收设备接收信号后将其还原成为文字、声音和图像并加以播放的传播方式。

（2）有线广播，即指有线广播电台或电视台在接收无线广播信号后，用有线装置进行传播作品的传播方式，包括在闭路电视、有线电视、电缆广播等系统中的播放。

（3）公开播送接收到的广播，即在接收到包含作品的广播节目后，通过扩音器、电视机等设备或手段将其向公众播放。

（八）信息网络传播权

信息网络传播权，即指以有线或者无线方式向公众提供，使公众可以在其选定的时间和地点获得作品的权利。

信息网络传播权与广播权的区别：

（1）信息网络传播权是一种交互式传播，这种传播并非由传播者指定受众获得作品的时间和地点，而是受众可以在个人选定的时间和地点获取信息网络上提供的作品。如数字电视中的点播频道，观众需要单独付费才能获得有关节目。

（2）广播的作品，公众只能在特定的时间和地点获得。

（九）摄制权

摄制权，即以摄制视听作品的方法将作品固定在载体上的权利。

考虑到摄制视听作品，必须以剧本、音乐的词曲、摄影作品等为基础，通过导演、演员和其他摄制人员的一系列创造性的演出和拍摄活动才能完成，视听作品的著作权归制片人，制片人享有对该影视作品的修改、发表、保护作品完整、使用、收益、转让的权利。

（十）　改编权

改编权，即改变作品，创作出具有独创性的新作品的权利。如把小说改编成剧本、连环画，剧本之间的改编，将诗词编入戏曲或乐曲的词中，以及戏曲、交响乐、民歌民乐、流行音乐之间在基本保持原有旋律和主题基础上的相互转换等。

需要注意的是：

（1）改编权不同于修改权，两者之间存在着本质的区别。首先，修改权是在不改变作品表现形式前提下对作品作部分的改动或增删的权利；改编权则是改变作品表现形式，在原作品基础上通过演绎活动产生新的作品的权利。其次，修改权属于著作人身权，改编权则为著作财产权，两种的保护期限明显不同。

（2）改编权是以原作品为基础进一步演绎的权利，改编后的作品应与原作品在内容和表达上保持一定程度的同一性。

（十一）　翻译权

翻译权，是指将作品从一种语言文字转换成另一种语言文字的权利。

翻译权主要是针对文字作品、口述作品以及与文字语言表达有关的音乐、戏剧、电影等作品。对于作者来讲，一方面，翻译能使其作品在其他国家和地区更广泛地被传播使用，取得更多的经济和社会效益；另一方面，翻译的质量直接关系到公众对原作品的评价和著作权人财产利益的实现，因此赋予作者对翻译活动的控制权是十分必要的。

需要注意的是：

翻译权不仅基于原作，而且还基于演绎作品（包括经翻译而产生的演绎作品，即译作），就是说对演绎作品的翻译，不仅需要得到演绎作品作者的同意，也需要得到原作作者的同意。

（十二）　汇编权

汇编权，即将作品或者作品的片段通过选择或者编排，汇集成新作品的权利。汇编权的客体不仅是原作，也可以是演绎作品（包括汇编作品），对演绎作品的汇编要获得原作作者和演绎作者的同意。

汇编权与汇编作品著作权的不同：

（1）汇编权是作者许可或禁止他人将自己的作品或作品片段汇编于新作品中的权利，未经许可将他人作品收入自己作品属于侵犯汇编权的行为。

（2）汇编作品作为一个新作品也有独立的著作权，只是汇编人在行使汇编作品的著作权时不得侵犯原作品著作权人的权利。

（十三）应当由著作权人享有的其他权利

《著作权法》虽然明确列举了以上 12 项著作财产权，但考虑到新技术环境下新的作品表现形式及新的作品利用方式会不断出现，为全面保护著作权人的利益，同时维持著作权立法的相对稳定性，《著作权法》特别规定了兜底条款，即原则性规定应当由著作权人享有的其他权利都能受到著作权法保护。

思考与延伸

1. 著作权是作者或著作权人依法对（   ）（   ）和（   ）所享有的人身权和财产权的总称。

A. 文学　　　　B. 艺术　　　　C. 专利　　　　D. 科学作品　　　　E. 商标

2. 简述《著作权法》的内容。

3. 简述发表权与发行权的区别。

4. 我能把同学寄给我的信公开吗？

5. 案例分析：

李某收藏了某画家的一幅名画。他发现画的右上角有一大块留白，于是在留白处写了 2 句诗词。试分析：李某的行为合法吗？为什么？

6. 案例分析：

被告某培训中心未经过原告授权，录制了原告在某学术会议上的学术报告 PPT，并将学术报告 PPT 上传到培训中心的商业网站上，作为培训课件供学员在线学习。试分析：被告是否侵权？若是，侵犯了原告的哪些权利？

7. 案例分析：

甲和乙共同编制了《大学英语》教材，第一版署名位次是甲排第一，乙排第二。2 年后修改再版，乙未征求甲的意见，就要求出版社把两人名次调换过来，这样就乙排第一，甲排第二。甲发现后认为乙侵犯了其署名权，诉至法院。试分析：甲的主张成立吗？为什么？

第二章　著作权客体与主体

教学要点

　　具体包括：著作权客体与要件、著作权客体的种类和著作权主体。通过本章学习，重点掌握著作权客体与作品的关系、作品的概念及构成要件、著作权法保护的作品种类，不适于著作权法保护的对象，著作权主体的概念、分类以及特殊作品的著作权归属。

作家王某的困惑

　　作家王某写了一部反映改革开放的纪实报告交某出版社出版，该出版社为该书配发了若干幅改革开放的照片作为插图。在审定该书清样稿时，王某觉得照片能使作品增色，便未提出异议。图书发行后，摄影家张某发现照片均是自己过去发表的作品，而王某和出版社在事前未征得他的同意，事后也未支付报酬，书中也没有将他署名为照片作者，故起诉王某和出版社侵犯了其著作权。出版社承认侵权事实，愿承担相应责任。但是王某称自己只是该书文字部分的作者，照片为出版社配发，与自己无关，故否认其侵权责任。

　　思考　王某的理由是否成立？为什么？

第一节　著作权客体与要件

一、作品的含义

作品是著作权法律关系的客体。《著作权法》规定：本法所称的作品，是指文学、艺术和科学领域内具有独创性并能以一定形式表现的智力成果。

作品在本质上是人的思想情感的表达，创作是将内心世界的思想、情感通过一定形式加以表现的过程，创作形成的具有独创性的成果就是作品。对作品含义的理解应考虑以下几方面：

（1）作品是著作权得以产生和存在的基础。

（2）作品是形式和内容紧密结合的产物。

（3）作品涉及的领域仅包括文学、艺术和科学领域。

二、作品的构成要件

著作权法意义上的作品应当具备成果性、独创性和可复制性三个条件。

（一）成果性

作品必须是人的智力创造活动产生的、有外在表示形式的成果。但像桂林山水等自然存在物或自然景色，虽然奇美异常，具有经济价值，但非人力所创造、非智力创作，不是著作权保护的对象。同样，经过培训后动物的画作也不是著作权法意义上的作品。

（二）独创性

独创性是指作者运用自己的方法和习惯将其思想通过文学、艺术等形式，在作品中表现出来的个性。换而言之，也就是说在作品的构成体系、排列设计、内容取舍或者组合上体现出作者独具匠心之处，不是依照已有作品复制而来，也不是根据既定的程式推演而来，与模仿、剽窃等行为有着本质的不同。独创性并非要求作品的内容必须具有"新颖性"和"原创性"，而是强调思想的表达形式是独创的。

在判断独创性时应当注意以下几个问题：

（1）作品的独创性不受创作者自然条件的限制，如创作者的年龄、智力发育程度、精神健康状态等。

（2）对历史资料、科学结论等的使用，不影响作品的独创性。

例如：原告邢某诉话剧《天下第一楼》抄袭了其出版的《全聚德史话》中的"菜单"。被告承认使用了《全聚德史话》中的"菜单"，但辩解该"菜单"是历史事实、真实存在的，不受法律保护。后经法院查实：《全聚德史话》的"菜单"不完全是当年全聚德饭庄使用的菜单，而是经邢某加工、整理后形成，话剧《天下第一楼》编剧构成侵权。由该案可知，对客观存在的事实性史料，法律不给予保护。但是，只要是经作者的创作行为而完成的作品，法律要给予保护。

（3）作品的字数多寡、篇幅大小、价值高低不是判断作品独创性的依据。这意味着字数多寡和篇幅大小与作品独创性没有必然的因果关系。例如，《悯农》诗只有"锄禾日当午，汗滴禾下土，谁知盘中餐，粒粒皆辛苦"20个字，千古流传。

（三）可复制性

作品能够以一定客观形式表现出来，才能为他人所感知，进而能以某种有形形式加以复制。若仅存于作者头脑中的思想尚不具备"可复制性"，则不是著作权保护的对象。

第二节　著作权客体的种类

《著作权法》范畴下的作品虽然都是指文学、艺术和科学领域内具有独创性并能以一定形式表现的智力成果，但从不同的角度，作品有不同的种类划分。

一、《著作权法》第3条规定的作品类型

（一）文字作品

语言文字是人类表达思想情感的基本手段，也是进行文学艺术创作最重要的媒介，所以文字作品是文学艺术和科学领域内最普遍的一种作品类型。例如，以文字

表现的小说、散文、论文、论著、技术说明书，以数字表现的用以说明问题、表述事实的统计资料和数据，以符号表现的盲文等，都属于文字作品。

（二）口述作品

口述作品，是指即兴的演说、授课、法庭辩论、即席讲话等以口头语言形式表现的作品。口述作品有两个特点：一是强调即兴创作，如果书面写好以后口头表述，则不属于口述作品；二是无物质载体固定，如果有载体固定，就成了文字作品。此外，口述作品产生的方式不单是面对面的方式，还可以通过广播、网络等传媒产生。

（三）音乐、戏剧、曲艺、舞蹈、杂技艺术作品

（1）音乐作品，是指通过旋律、节奏并能演奏或演唱的作品，可以是带词的歌曲作品，也可以是不带词的纯乐曲作品。

（2）戏剧作品，是指供舞台演出的作品，如话剧、歌剧、地方戏等作品。

（3）曲艺作品，是指以说唱为主要表现形式的作品，如相声、快书、评书等。

（4）舞蹈作品，是指通过连续的动作、姿势、表情表现思想的作品。

（5）杂技艺术作品，是指杂技、魔术、马戏等通过形体动作和技巧表现的作品。

（四）美术、建筑作品

（1）美术作品，是指绘画、书法、雕塑等以线条、色彩或者其他方式构成的有审美意义的平面或者立体的造型艺术作品。

（2）建筑作品，属于立体美术作品，是指以建筑物或者构筑物形式表现的有审美意义的作品。受著作权保护的建筑作品，是有关建筑物的艺术设计，如建筑形体显示出图案般的美和有机的组织性，由墙壁、屋顶、地面组合等围合体围合而成的内部空间。

（五）摄影作品

摄影作品，是指借助器械在感光材料或者其他介质上记录客观物体形象的艺术作品。

（六）视听作品

视听作品，是指由一系列有伴音或者无伴音的连续画面组成，并且能够借助技术设备被感知的作品，包括电影、电视剧以及类似以制作电影的方法创作的作品。

（七）工程设计图、产品设计图、地图、示意图等图形作品和模型作品

图形作品中的工程设计、产品设计图纸，是指为施工、生产绘制的技术图纸；地图、示意图，主要是反映地理现象、说明事务原理或者结构的地图；模型作品是指为展示、试验或者观测等用途，根据物体的形状和构造，按照一定比例制成的立体作品。

（八）计算机软件

计算机软件是相对于硬件而言的一个概念，是指计算机程序及其文档。其中文档，是指用自然语言或者形式化语言所编写的文字资料和图表，用来描述程序的内容、组成、设计、功能规格、开发情况、测试结果及使用方法，如程序设计说明书、流程图、用户手册等。考虑到软件作品的特殊性和复杂性，《著作权法》规定，计算机软件的保护办法由国务院另行规定。

（九）符合作品特征的其他智力成果

兜底条款，有利于将未来社会发展中所发生的新情形放入立法中，也为法官的自由裁量权的行使提供必要的条件。此外，鉴于民间文学艺术作品是比较复杂的一类作品，《著作权法》规定，保护民间文学艺术作品的办法由国务院另行规定。

二、职务作品与非职务作品

依照作品的创作是否与法人或者非法人组织安排的工作任务有关，作品分为职务作品和非职务作品。

（一）职务作品含义

职务作品，是指自然人为完成法人或者非法人组织工作任务所创作的作品。成为职务作品必须具备的前提条件是：

（1）创作作品的公民与所在法人或非法人组织之间存在劳动合同关系；

（2）公民实施创作行为的直接目的，是完成法人或非法人组织安排的工作任务。职务作品的认定与公民是否利用上班时间创作作品没有必然联系。

（二）职务作品的类型及归属

依据法人或者非法人组织介入创作活动程度的不同，职务作品又分为两类：

（1）一般职务作品。具体指公民为完成单位工作任务而又未主要利用单位物质技术条件创作的作品，著作权由作者享有。需要注意的是：

① 对于一般职务作品，法人或者非法人组织有权在其业务范围内优先使用。

② 作品完成两年内，未经单位同意，作者不得许可第三人以与单位使用的相同方式使用该作品。若单位同意，作者可以许可第三人以与单位使用的相同方式使用作品所获报酬，由作者与单位按约定的比例分配。

③ 作品完成两年的期限，自作者向单位交付作品之日起计算。

（2）特殊职务作品。又称为"法人性职务作品"，作者享有署名权，著作权的其他权利由法人或者非法人组织享有，法人或者非法人组织可以给予作者奖励。具体包括以下情形：

① 主要是利用法人或者非法人组织的物质技术条件创作，并由法人或者非法人组织承担责任的工程设计图、产品设计图、地图、示意图、计算机软件等职务作品。

② 报社、期刊社、通讯社、广播电台、电视台的工作人员创作的职务作品。

③ 法律、行政法规规定或者合同约定著作权由法人或者非法人组织享有的职务作品。

（三）非职务作品

非职务作品是职务作品的对称，又称为"公民作品"，是指自然人不是为完成法人或者非法人组织的工作任务而创作的作品，著作权由作者享有。

三、委托作品、合作作品及演绎作品

（一）委托作品

委托作品，是指作者根据他人委托而进行创作所产生的作品。常见的有美术、摄影等作品。

委托作品著作权的归属由委托人和受托人通过合同约定。合同未作明确约定或者没有订立合同的，著作权属于受托人。

（二）合作作品

两人以上合作创作的作品，著作权由合作作者共同享有。没有参加创作的人，不能成为合作作者。

合作作品的著作权由合作作者通过协商一致行使；不能协商一致，又无正当理由的，任何一方不得阻止他方行使除转让、许可他人专有使用、出质以外的其他权利，但是所得收益应当合理分配给所有合作作者。

合作作品可以分割使用的，作者对各自创作的部分可以单独享有著作权，但行使著作权时不得侵犯合作作品整体的著作权。

（三）演绎作品

演绎作品，是指在已有作品的基础上进行改编、翻译、注释、整理创作活动而产生的新作品。演绎作品作为原作基础上的一种再创作，其著作权由改编、翻译、注释、整理人享有。

主要注意的是：

（1）演绎作者在对受著作权保护的作品进行演绎以前，必须征得原作作者或其著作权人的许可，并支付报酬。

（2）演绎作者只对演绎作品享有著作权，对原作作品不享有著作权。

（3）使用改编、翻译、注释、整理、汇编已有作品而产生的作品进行出版、演出和制作视听作品，应当取得该演绎作品的著作权人和原作品的著作权人许可，并支付报酬。

四、不适于著作权保护的客体

（1）法律、法规，国家机关的决议、决定、命令和其他具有立法、行政、司法性质的文件，及其官方正式译文，但非官方译文不在此限。

（2）单纯事实信息，是指只报道一件事情的发生过程、时间、地点和人物，并没有关于对事实信息的评述性内容。单纯事实信息往往通过报纸、刊物、电视、广播等大众传播媒介传播。

（3）历法、通用数表、通用表格和公式。如阴历和阳历、三角函数、银行承兑汇票、牛顿定理的计算公式等，他们是人们在长期工作生活中对自然现象和自然规律的总结，是人类文明的成果，属于公共领域的基本常识，不能为少数人所垄断使用。

第三节　著作权主体

著作权主体又称著作权人，是指依法以自己的创作行为享有著作权或者通过有效途径享有著作权的自然人、法人或者非法人组织。在一定条件下，国家也可以成为著作权主体。依据不同标准，著作权主体有以下分类。

一、《著作权法》直接规定

（1）创作作品的自然人是作者。但是由法人或者非法人组织主持，代表法人或者非法人组织意志创作，并由法人或者非法人组织承担责任的作品，法人或者非法人组织视为作者。

（2）在作品上署名的自然人、法人或者非法人组织为作者，且在该作品上存在相应权利，但有相反证明的除外。

（3）改编、翻译、注释、整理已有作品而产生的作品，其著作权由改编、翻译、注释、整理人享有，但行使著作权时不得侵犯原作品的著作权。

（4）两人以上合作创作的作品，著作权由合作作者共同享有。没有参加创作的人，不能成为合作作者。

需要注意的是：

① 合作作品的著作权由合作作者通过协商一致行使；不能协商一致，又无正当理由的，任何一方不得阻止他方行使除转让、许可他人专有使用、出质以外的其他权利，但是所得收益应当合理分配给所有合作作者。

② 合作作品可以分割使用的，作者对各自创作的部分可以单独享有著作权，但行使著作权时不得侵犯合作作品整体的著作权。

（5）汇编若干作品、作品的片段或者不构成作品的数据或者其他材料，对其内容的选择或者编排体现独创性的作品，为汇编作品，其著作权由汇编人享有，但行使著作权时，不得侵犯原作品的著作权。

（6）使用改编、翻译、注释、整理、汇编已有作品而产生的作品进行出版、演出和制作视听作品，应当取得该作品的著作权人和原作品的著作权人许可，并支付报酬。

（7）视听作品中的电影作品、电视剧作品的著作权由制片人享有，但编剧、导演、摄影、作词、作曲等作者享有署名权，并有权按照与制作者签订的合同获得报酬。

需要注意的是：

① 除了电影和电视剧作品，其他视听作品的著作权归属由当事人约定；没有约定或者约定不明确的，由制片人享有，但作者享有署名权和获得报酬的权利。

② 视听作品中的剧本、音乐等可以单独使用的作品的作者有权单独行使其著作权。

（8）一般职务作品，具体指公民为完成单位工作任务而又未主要利用单位物质技术条件创作的作品，著作权由作者享有。

（9）特殊职务作品，作者享有署名权，著作权的其他权利由法人或者非法人组织享有，法人或者非法人组织可以给予作者奖励。

（10）委托作品，著作权的归属由委托人和受托人通过合同约定。合同未作明确约定或者没有订立合同的，著作权属于受托人。

（11）匿名作品和假名作品，除署名权以外的著作权由作品原件的合法持有人行使。当作者身份确定后，著作权则由作者或其继承人行使。

（12）美术、摄影作品，作品原件所有权的转移，不改变作品著作权的归属，但美术、摄影作品原件的展览权由原件所有人享有，即使是作者转让给他人尚未发表的美术、摄影作品原件，受让人展览该原件也不构成对作者发表权的侵犯。

二、原始主体和继受主体

（一）原始主体

原始主体是指作品完成后，直接根据法律或合同约定，基于作品创作活动而享有著作权的人。原始主体可以是自然人、法人或非法人组织，主要有三种情形：

（1）创作作品的人，其创作是直接产生文学、艺术和科学作品的智力活动。

（2）由法人或者非法人组织主持，代表法人或者非法人组织意志创作，并由法人或者非法人组织承担责任的作品，法人或者非法人组织视为作者。

（3）无相反证明，在作品上署名的自然人、法人或者非法人组织。

（二）继受主体

继受主体是"原始主体"的对称，是指通过受让、继承，受赠或法律规定的其他方式取得全部或一部分著作权的人。继受主体可以是自然人、法人、非法人组织、国家。著作权继受主体主要包括下列五类。

（1）继承人。原始著作权属于公民的，公民死亡后，其作品在保护期内的财产权转移给继承人，包括遗嘱继承人和法定继承人。

（2）承受人。原始著作权属于法人或者非法人组织的，法人或者非法人组织变更、终止后，其作品在保护期内的财产权，由承受其权利义务的法人或者非法人组织享有。没有承受其权利义务的法人或者非法人组织的，由国家享有。

（3）受馈赠人。包括法定继承人以外的公民、法人或者非法人组织。

（4）作品原件的合法所有人。作者生前未发表的作品，如果作者未明确表示不发表，作者死亡之后 50 年内，其发表权可由继承人或者受遗赠人行使；没有继承人又无受遗赠的，由作品原件的合法所有人行使。

（5）国家。国家可以通过多种方式成为公民、法人或其他组织原始著作权的继受主体。

思考与延伸

1. 甲通过抄袭乙的作品完成了自己的表现形式，则乙的表现形式（　　）。

A. 不具有实用性　　　　　　　B. 不具有新颖性

C. 不具有创造性　　　　　　　D. 不具有独创性

2. 下列关于作品独创性表述错误的是（　　）。

A. 作品的独创性是指作品的思想内容和表现形式的独创性

B. 作品的独创性是指作品的思想内容和表现形式都必须有独创性

C. 作品的独创性是指作品必须有新颖性和创造性

D. 作品的独创性是指作品必须是作者独立创作的，作品中必须体现出作者的个性

E. 引用历史资料会影响作品的独创性

3. 下列不受《著作权法》保护的是（　　）。

A. 著作权法　　　　　　　　　B. 电视播出的单纯事实消息

C. 匿名作品　　　　　　　　　D. 已经公开的美术作品

4. 简述什么是作品？作品的构成要件有哪些？

5. 案例分析：

作曲家郭某创作了儿童歌曲《娃哈哈》，于 1956 年首次发表。娃哈哈既是歌名，又是歌词中的副歌词短句，表达了儿童欢乐的样子，这个词组未见于词典辞书中。此歌发表后在全国有相当的知名度。1989 年，浙江娃哈哈集团未经郭某同意，将"娃哈哈"作为文字商标申请注册并被批准，一直使用至今。作曲家郭某认为，"娃哈哈"三字的组合是此歌的精华部分，是构成此歌曲的主要艺术形象，且具有独创性，应受著作权法的保护。娃哈哈集团公司未经作者同意使用其作品，是对其著作权的侵害，要求娃哈哈集团公司停止侵害、赔礼道歉并赔偿损失。

试分析：郭某的主张成立吗？为什么？

6. 案例分析：

全景客是一家专业从事移动互联网和虚拟现实技术的研发公司，创作完成了《故宫》等一系列 VR 全景摄影作品，其中作品《故宫》已进行了版权登记，并出版发行。同创蓝天公司未经许可，擅自在其公司网站上传了《故宫》等作品中的 76 幅 VR 全景摄影。原告全景客认为同创蓝天公司侵害了其著作权，将其诉至法院，请法院依法裁判。但同创蓝天公司辩称：故宫是真实存在的，原告不过是对其进行了摄制，若自己去实地拍摄也是一样的景色，所以不侵权。

试分析：同创蓝天公司的辩称成立吗？为什么？若是侵权，侵犯了全景客的哪种著作权？

7. 案例分析：

画家张某与图画爱好者杨某是挚友，茶余饭后张某常乘兴作画相赠。积年累月，杨某收藏张某的赠画 50 余幅。2018 年 6 月张某因病去世，杨某十分悲痛。2023 年 6 月，时值张某逝世五周年，为表示对亡友的哀悼之情，杨某从张某的赠画中精选了 30 幅，以张某的名义出版发行。张某的子女得知后，认为杨某擅自出版张某的绘画，侵犯了他们及张某的著作权，遂与杨某进行交涉。杨某则认为，画既已赠送给自己，自己便取得了画作的所有权，绘画是以张某的名义发表的，自己没有欺世盗名，不发生侵犯著作权问题。双方僵持不下，张某的子女遂向人民法院提起诉讼。

试分析：张某的子女主张是否成立？若成立，侵犯了哪种著作权？

第三章　著作权的取得与限制

教学要点

　　具体包括：著作权的取得、著作权保护期限以及著作权的限制。通过本章学习，掌握著作权的取得制度、不同权利的保护期限以及限制著作权的原因，正确理解著作权合理使用、法定许可使用、强制许可使用的内涵及情形，建立科学的著作权取得及使用认知。

案 例

著作权归属之争

　　青年教师郭某，通过总结自己多年从事教学工作的经验和体会，撰写了一篇关于教学改革方面的论文，准备参加学校的论文研讨会，请本校打印店打印。期间赵某看到该论文后很欣赏，遂以自己学习为名向郭某索要一份，之后，以自己的名义在某杂志上发表。郭某了解此事后，指责赵某剽窃了自己的论文，侵犯了自己的著作权。而赵某则辩解，自己当时看到的郭某的论文还未公开发表，自己只是赞同郭某的观点，并下了一番功夫撰写了该论文，且已正式发表，自己才依法享有该论文的著作权。

　　思考 该论文的著作权应归谁享有，为什么？

第一节　著作权的取得

　　著作权的取得，也称著作权的产生，一般指著作权产生的法律事实和法律形式。

各国著作权法规定的著作权取得制度并不相同，主要有自动取得和注册取得两种制度。

一、自动取得制度

著作权自动取得，指著作权因作者创作完成作品这一客观事实而依法自动获得，不需要再履行任何手续，作品上也不需要有任何特别的表示，这种制度也称"无手续主义"或者"自动保护主义"。按照自动取得制度，作品一经完成就可以获得著作权，而不论作品是否发表或者是否提供给公众。目前，中国、世界上大多数国家以及《伯尔尼公约》都采用了这一制度。

需要注意的是：

（1）著作权的自动取得虽不需履行任何手续，并不意味着作品注册就没有任何意义。如计算机软件，由于源代码的可复制性不像复制纸件那样可以区分原始与复制件，如果源代码保密不严，就很难区分著作权人。若进行了计算机软件注册，当发生著作权纠纷时就可以作为请求司法保护的最好证据。

（2）我国《著作权法》对著作权主体资质有如下规定：

① 中国公民、法人或者非法人组织的作品，不论是否发表，依照本法享有著作权。

② 外国人、无国籍人的作品根据其作者所属国或者经常居住地国同中国签订的协议或者共同参加的国际条约享有的著作权，受本法保护。

③ 外国人、无国籍人的作品首先在中国境内出版的，依照本法享有著作权。

④ 未与中国签订协议或者共同参加国际条约的国家的作者以及无国籍人的作品首次在中国参加的国际条约的成员国出版的，或者在成员国和非成员国同时出版的，受本法保护。

二、注册取得制度

注册取得，也叫"登记取得"或者"有手续主义"，是指作品必须履行法定的登记注册手续后方产生著作权，没有登记的作品不享有著作权。目前，实行注册取得制度的主要是拉美和非洲一些国家，这些国家均设立了专门的著作权登记机构，办理作品登记事项。

第二节　著作权保护期限

著作权的保护期限，是指著作权人对其作品享有专有权的有效期限。在著作权保护期内，作品的著作权受法律保护。保护期届满就丧失著作权，该作品便进入"公有领域"，成为人类共有的文化财富，不再受法律保护。

设定保护期是对著作权进行限制的一种方式。因为著作权是专有权利，与社会公众获取知识需求之间存在着冲突和矛盾，应该设置合理的保护期限来平衡作品作者、作品传播者与公众之间的利益。著作权包括著作人身权与著作财产权两个方面，《著作权法》对其保护期限作了明确规定。

一、著作人身权保护期限

（1）著作人身权中，发表权的保护期限与著作财产权相同。

（2）著作人身权中，署名权、修改权、保护作品完整权没有时间限制，并且可以由继承人或受赠人保护。

二、著作财产权保护期限

著作财产权保护期限依著作权主体和作品种类的不同有所不同，具体如下。

（一）公民作品及一般职务作品

著作权主体是单一公民的，其保护期是作者有生年加上死亡后第 50 年的 12 月 31 日。如果是合作作品，保护期截至最后一名作者死亡后第 50 年的 12 月 31 日。

（二）特殊职务作品

即除署名权外由法人或者非法人组织享有的职务作品，保护期截至职务作品首次发表后第 50 年的 12 月 31 日。但作品自创作完成后 50 年内未发表的，不再受著作权法保护。

（三）视听作品

视听作品，发表权及财产权的均为五十年，截至作品创作完成后第 50 年的 12 月 31 日。但作品自创作完成后 50 年内未发表的，不再受著作权法保护。

需要注意的是：

倘若视听作品中的剧本、音乐、美术设计等可以单独使用，如果作者是公民，其保护期应当是作者的有生之年加死亡后 50 年的 12 月 31 日，并不受视听作品的保护期的限制。

（四）匿名作品

匿名作品，保护期截至作品首次发表后第 50 年的 12 月 31 日。

第三节　著作权的限制

著作权是一种专有权利，与社会公众获取知识需求之间存在着冲突和矛盾，保护作者的权利是著作权立法的首要宗旨。但是如果仅保护作者的利益而不考虑社会公众，不对著作权作出一定的限制，则会阻碍作品的使用与传播，不利于人类思想、文化、艺术的进步。因此，世界各国在著作权立法中不仅规定了对作者的保护，也规定了作者对社会负有的义务，这就是著作权的限制。

著作权限制主要以三种制度体现：合理使用制度、法定许可使用制度和强制许可使用制度。

一、合理使用制度

合理使用，是指在法定条件下，法律允许他人使用受著作权法保护的作品，无须征得著作权人的许可，也无须向其支付报酬，但应当指明作者姓名、作品名称，并且不得影响该作品的正常使用，也不得不合理地损害著作权人的合法利益。

（一）合理使用的特征

（1）主体不特定，包括自然人、法人或其他组织以及特殊情况下的国家。

（2）使用的对象必须是已发表作品，而且目的是非营利性的。

（3）无须征得著作权人的许可，也无须向其支付报酬。

（4）合理使用的范围由著作权法制定。

（5）合理使用者应指明作者姓名、作品名称，并且不得影响该作品的正常使用，也不得不合理地侵害著作权人的其他权利。

（二）合理使用的判断标准

《著作权法》虽然没有给出合理使用的判断标准，但一般认为合理使用应该包括以下判断：

（1）使用的目的是非营利性；

（2）使用的作品必须是已经发表的作品；

（3）使用作品的程度必须是适量摘用或有限复制的非实质性使用；

（4）使用效果不得影响作品的潜在市场和价值。

（三）合理使用的范围

《著作权法》一共列举了 12 种合理使用情形。

1. 个人使用

为个人学习、研究或者欣赏，使用他人已经发表的作品。

构成要件：

（1）使用目的：仅限于学习、研究、欣赏，而不能用来出版、出租或作其他营业性的使用；

（2）使用对象：仅限于已经发表的作品；

（3）使用主体：个人应当包括家庭；

（4）使用的方式：复制、朗诵、改编、翻译、表演等，但计算机软件除外；

（5）应当表明作品名称、作者姓名、作品出处，并不得侵害著作权人的其他权利。

2. 适当引用

为介绍、评论某一作品或者说明某一问题，在作品中适当引用他人已经发表的作品。

构成要件：

（1）引用目的：介绍、评论某一作品或者说明某一问题；

（2）引用程度：应当符合引用的要求，比例适当（如查重要求）。

（3）引用对象：必须是已经发表的作品；

（4）应当表明被引用的作品名称、作者姓名、作品出处，并不得侵害著作权人的其他权利。

3. 新闻使用

为报道新闻，在报纸、期刊、广播电台、电视台等媒体中不可避免地再现或者引用已经发表的作品。

构成要件：

（1）使用目的：仅限于报道时事新闻；

（2）使用程度：仅限于报纸、期刊、广播电台、电视台等媒体；

（3）使用对象：必须是已经发表的作品；

（4）符合引用的数量限度：不可避免地再现或者引用已经发表的作品；

（5）应当表明被引用的作品名称、作者姓名、作品出处，并不得侵害著作权人的其他权利。

4. 传媒之间刊播

报纸、期刊、广播电台、电视台等媒体刊登或者播放其他报纸、期刊、广播电台、电视台等媒体已经发表的关于政治、经济、宗教问题的时事性文章，但著作权人声明不许刊登、播放的除外。

构成要件：

（1）引用和被引用的主体：正式批准的新闻媒体；

（2）引用范围：仅限于已经发表的关于政治、经济、宗教问题的时事性文章；

（3）引用要求：既可摘录，也可以使用全文。

（4）作者声明不许刊登、播放的除外。

5. 演讲作品的传媒刊播

报纸、期刊、广播电台、电视台等媒体刊登或者播放在公众集会上发表的讲话，但作者声明不许刊登、播放的除外。

构成要件：

（1）仅限于公众集会上发表的讲话；

（2）可部分或全部刊登或播放公众集会上发表的讲话；

（3）作者声明不许刊登、播放的除外；

（4）应当表明被引用的作品名称、作者姓名、作品出处，并不得侵害著作权人的其他权利。

6. 教学与科研使用

为学校课堂教学或科学研究，翻译或少量复制已经发表的作品，供教学或科研人员使用，但不得出版发行。

构成要件：

（1）使用主体：教学或科研人员；

（2）使用目的：学校课堂教学或科学研究；

（3）使用方式：翻译或少量复制，不得出版发行；

（4）使用对象：已经发表的作品；

（5）应当表明被引用的作品名称、作者姓名、作品出处，并不得侵害著作权人的其他权利。

7. 公务使用

国家机关为执行公务在合理范围内使用已经发表的作品。

构成要件：

（1）使用主体：国家机关；

（2）使用方式：执行公务，为完成机关职能；

（3）使用仅限于"合理范围内"。

8. 图书馆、档案馆、纪念馆、博物馆、美术馆、文化馆等为陈列或者保存版本的需要，复制本馆收藏的作品

构成要件：

（1）复制范围：本馆收藏的作品，无论是否发表；

（2）复制目的：陈列或者保存版本的需要。

9. 免费表演已经发表的作品，该表演未向公众收取费用，也未向表演者支付报酬，且不以营利为目的

构成要件：

（1）无偿表演，是指非营利性的表演，该表演既不向观众收取费用，也不向表演者支付报酬；

（2）使用对象：已经发表且可以直接用于表演的作品；

（3）应当表明被引用的作品名称、作者姓名、作品出处，并不得侵害著作权人

的其他权利。

10. 非接触式使用

对设置或者陈列在公共场所的艺术作品进行临摹、绘画、摄影、录像。

构成要件：

（1）使用对象：设置或者陈列在公共场所的艺术作品；

（2）使用方式：临摹、绘画、摄影、录像。

11. 将中国公民、法人或者非法人组织已经发表的以国家通用语言文字创作的作品翻译成少数民族语言文字作品在国内出版发行

构成要件：

（1）翻译作品的出版发行地域仅限于中国境内；

（2）被翻译的作品仅限于已经发表的国家通用语言文字作品；

（3）将国家通用语言文字作品翻译成少数民族语言文字作品；

（4）翻译者对翻译作品享有新的独立的著作权。

12. 以盲文出版

以阅读障碍者能够感知的无障碍方式向其提供已经发表的作品。

构成要件：

（1）已经发布的作品；

（2）翻译者对盲文作品享有新的独立的著作权。

除以上 12 种情形外，还有法律、行政法规规定的其他情形，即兜底条款，有利于将未来社会发展中所发生的新情形放入立法中。

二、法定许可使用制度

法定许可使用，是指依照法律的明确规定，在使用某一作品时可以不经过著作权人的许可，但要向其支报酬，并尊重著作权人的其他权利。

（一）法定许可使用的特征

（1）使用者以营利为目，使用的对象必须是已发表的作品。

（2）使用者无须征得著作权人的许可，但应当向著作权人支付报酬。

（3）不存在著作权人不许使用的意愿表示。

（二）法定许可使用的范围

（1）教材编写的法定许可：为实施义务教育和国家教育规划而编写出版教科书，可以不经著作权人许可，在教科书中汇编已经发表的作品片段或者短小的文字作品、音乐作品或者单幅的美术作品、摄影作品、图形作品，但应当按照规定向著作权人支付报酬，指明作者姓名或者名称、作品名称，并且不得侵犯著作权人依照著作权法享有的其他权利。

（2）制作课件的法定许可：为通过信息网络实施九年义务教育和国家教育规划，可以不经著作权人许可，使用其已经发表的作品片段或者短小的文字作品、音乐作品或者单幅的美术作品、摄影作品制作课件，由制作课件或者依法取得课件的远程教育机构，通过信息网络向注册学生提供，但应当向著作权人支付报酬。

（3）报刊转载的法定许可：作品刊登后，除著作权人声明不得转载、摘编外，其他报刊可以转载或者作为文摘、资料刊登，但应当按照规定向著作权人支付报酬。

（4）制作录音制品的法定许可：录音制作者使用他人已经合法录制为录音制品的音乐作品制作录音制品，可以不经著作权人许可，但应当按照规定支付报酬；著作权人声明不许使用的不得使用。

（5）播放作品的法定许可：广播电台、电视台播放他人已发表的作品，可以不经著作权人许可，但应当按照规定支付报酬。

（6）播放录音制品的法定许可：广播电台、电视台播放他人已出版的录音制品，可以不经著作权人许可，但应当按照规定支付报酬。当事人另有约定的除外。

（三）法定许可使用的注意事项

（1）法定许可使用的主体只能是录音制品制作者、广播电视组织者、报刊社；

（2）法定许可仅限于报刊之间的相互转载，不适用书籍之间以及书籍与报刊之间的转载；

（3）进行转载摘编的报刊不能侵犯著作权人的其他合法权益，不得损害作品的完整性；

（4）法定许可只是免除了使用者寻求著作权人许可的义务，依然要向著作权人支付报酬。

三、强制许可使用制度

强制许可使用，系指在一定条件下，作品的使用者基于某正当理由需要使用著作权人已发布的文字作品，著作权人无正当理由而拒绝，协议无果，作品的使用者经向国家版权管理部门申请并获授权而使用该作品。强制许可不必征得著作权人的同意，但应向其支付报酬。

强制许可使用的特征：违背著作权人的意志，由国家版权管理部门批准，有严格的条件限制。

思考与延伸

1. 我国著作权采取的取得制度是（　　）。

A. 自动取得制度　　　　　　　B. 注册取得制度

2. 著作人身权中哪些权利没有时间限制（　　）。

A. 署名权　　　　　　　　　　B. 修改权

C. 保护作品完整权　　　　　　D. 发表权

3. 著作财产权中哪些权利的保护期限不是截至作者死亡后第 50 年的 12 月 31 日（　　）。

A. 公民作品　　　　　　　　　B. 一般职务作品

C. 特殊职务作品　　　　　　　D. 视听作品

4. 简述一般职务作品与特殊职务作品的区别。

5. 简述法定许可使用与合理使用的关系。

6. 简述强制许可使用与合理使用、法定许可使用的区别。

7. 案例分析：

语文教师胡某在文学杂志上看到钱某发表的一组诗歌，颇为欣赏，就复印了 100 份作为文学辅助材料发给了学生。胡某又将钱某的这组诗歌逐段加以评析，写成文章后投到刊物上发表。钱某得知后，认为胡某未经自己许可，擅自复印、使用其作品，在其评论文章中全文引用了自己的诗歌，是对自己著作权的侵权行为，遂向人民法院提起诉讼。

试分析：胡某的行为是否侵犯了钱某的著作权？为什么？

第四章 邻接权

《祝福》音像制品的使用

　　作曲家孙某创作了歌曲《祝福》，歌手郝某经孙某许可后演唱该歌曲，并与××公司签订合同，由其制作成音像制品公开发行，深受市场欢迎。①甲婚庆公司购买正版音像制品，用于在其主持的婚庆活动中播放；②乙公司购买该正版音像制品后进行出租；③丙学生购买该正版音像制品后，在其班级举行的元旦晚会上做了背景音乐；④丁学生购买该正版音像制品，听后非常欣赏，通过抖音平台上传到网络。

　　思考 甲、乙、丙、丁的使用行为是否存在侵权，侵犯哪种权利？

第一节　邻接权概述

　　邻接权（Neighboring Right），在《著作权法》中被称为"与著作权有关的权利"，系指作品的传播者在传播作品的过程中对其所创造的智力劳动成果依法享有的各项权利。

邻接权主体主要指作品的出版者、表演者、录音录像制作者和广播电视组织者。邻接权包括：出版者对其出版的图书和期刊的版式设计享有的权利，表演者对其表演享有的权利，录音录像制作者对其制作的录音录像制品享有的权利，广播电台、电视台对其播放的广播、电视节目信号享有的权利。

一、邻接权的特征

（一）邻接权是一项派生的权利

邻接权是作品的传播者在传播作品的过程中产生的专有权利。"派生"的本意是由某一根本事物的发展过程中分化出来，也有衍生的意思。如表演者要想取得表演者权，首先要取得作者授予的表演权进行表演，于是表演就派生了表演者权。同样，出版者要想取得某部小说的出版者权，也要先获得作者对于出版的授权才能出版，才能派生出版者权。

需要注意的是：

表演权不是表演者权，前者属于著作权人的著作财产权，后者属于邻接权，前者是后者的前提。

（二）邻接权具有相对独立性

邻接权的派生性，并不意味着邻接权是著作权的一部分，而是具有自身的相对独立性。这种相对独立性源于邻接权主体在传播作品的过程中所创造的智力劳动成果。这些智力劳动成果体现着传播者的某种技艺或技巧，绝非寻常人或任何组织可以轻易做到的。即使是著作权人和邻接权人身份发生重合，邻接权仍然可以独立产生，不会被著作权吸收。

（三）邻接权具有类版权性

邻接权保护对象是传播作品过程中产生的智力劳动成果，而不是文学艺术或科学作品，所以邻接权与著作权是性质不同的两种权利。但是，邻接权主体与著作权人又像是不可分开的"合伙人"：著作权人需要出版者出版他们的作品，需要演员表演他们的作品，需要录音录像制作者使其作品传播得更加广泛，需要广播电台、电视台消除作品传播的距离障碍，所以邻接权主体又像是著作权人的辅助者。邻接权具有类似于著作权的性质，同著作权同样具有客体的非物质性、专有性、时间性和地域性等特征。

二、邻接权与著作权的关系

（一）邻接权与著作权的相同点

（1）邻接权与著作权都与作品有关，彼此依赖，联系紧密。

（2）著作权与作品存在直接联系，作品的创作是著作权产生的前提。邻接权与作品存在间接联系，是基于作品的传播而产生的：出版者出版的对象是作品，表演者表演的对象是作品，录音录像制作者是对作品表演的录制，广播电台、电视台是对作品的播放。

（3）邻接权与著作权都是一种非物质性权利，邻接权的非物质性特性主要表现为以下方面：

① 创造性内容：邻接权通常与创造性的内容相关，如音乐、演出、录音录像等。这些内容是思想、表达和艺术创作的产物，不是物质实体。

② 非物质性表演：邻接权包括与表演和演出相关的权利，如音乐会、舞台表演、广播节目、录音制作等。这些表演通常是临时性的，不留下物质实体。

③ 权利的授予：邻接权的行使通常涉及权利的授权和许可，而不是物品的出售或转让。邻接权主体通常授予其他人使用他们的创造性内容或表演的权利，而不是实际的物品。

④ 价值的创造：邻接权可以为邻接权主体创造经济价值，这是因为邻接权客体涉及受欢迎的娱乐内容，而这些内容通常以非物质形式存在。

（4）对著作权限制的三种制度（合理使用制度、法定许可制度和强制许可制度）也适合于对邻接权的限制。

（二）邻接权与著作权的区别

1. 保护主体不同

著作权的原始主体是进行独创性活动并有智力成果产出的作者，包括自然人、法人和非法人组织；邻接权的主体是出版者、表演者、录音录像制作者和广播电视组织者。

2. 保护前提不同

著作权是直接基于创造性劳动而产生，邻接权则是以取得著作权人授权并对作品的再利用为前提。

3. 权利内容不同

著作权包括人身权和财产权，邻接权除了表演者享有身份表明权和保护表演形象权不受歪曲、其他邻接权主体享有身份表明权外，其他权利均是财产性质的权利。

4. 追求目的不同

享有著作权的人以产生作品为追求目的，享有邻接权的人以将作品进行传播为追求目的。

第二节　邻接权的内容

一、出版者权

出版，是指将作品编辑加工后，经过复制向公众发行。出版者，是指从事上述活动的图书出版社、报社和期刊社等。

（一）出版者的权利

版式设计权。版式设计是出版者对印刷品版面格式的设计，包括对版心、排式、用字、行距、标点等版面布局因素的安排。版式设计权是出版者有权许可或者禁止他人使用其出版的图书、期刊的版式设计，该权利的保护期限为 10 年，截至使用该版式设计的图书、期刊首次出版后第 10 年的 12 月 31 日。

需要注意的是：

① 专有出版权也是出版者享有的权利，但该权利是出版者依据法律的直接规定或者出版者与作者签订的合同约定而产生，是作者对复制权或发行权的专有许可，属于著作权范畴，出版者的法律身份是被许可人。出版者享有的邻接权仅限于版式设计专有权。

② 出版者按照合同约定享有的专有出版权受法律保护。在出版合同有效期内，

他人不得出版该作品，作者也无权在同一地区与其他出版社就同一图书订立出版合同，即不允许一稿多投。

③ 著作权人向报社、杂志社投稿的，自稿件发出之日起15日内未收到报社通知决定刊登的，或者自稿件发出之日起30日内未收到杂志社通知决定刊登的，可以将同一作品向其他报社、杂志社投稿。双方另有约定的除外。

（二）出版者的义务

（1）出版者出版图书，应当与著作权人订立出版合同，以明确双方当事人的权利和义务。图书出版合同的订立，应当符合《图书出版合同》的标准式样。

（2）出版者出版图书，应当向著作权人支付报酬。支付报酬的标准，可以由双方约定；双方没有约定的，应当按照国家规定的书籍稿酬标准来办理。

（3）图书出版者重印、再版作品的，应当通知著作权人并支付报酬。图书脱销后，图书出版者拒绝重印、再版的，著作权人有权终止合同。所谓脱销，是指著作权人寄给图书出版者的两份订单在6个月内未能得到履行。

（4）出版改编、翻译、注释、整理、汇编已有作品而产生的作品，应当取得改编、翻译、注释、整理、汇编作品的著作权人和原作品的著作权人许可，并支付报酬。

二、表演者权

表演者指表演文学艺术作品的一切演员、歌唱者、舞蹈者、朗诵者、演奏者等，或称表演作品的人，表演者所指的"人"包括演员和演出单位。

（一）表演者的权利

表演者的权利包括表演者的两种人身权和四种财产权。

1. 表演者的人身权

（1）表明表演者身份的权利，例如，现场表演的，既可以由现场主持人向大家播报每个表演者的身份，也可以在海报或者节目单上表明表演者的身份；在电影、广播中的表演，应在播出节目时表明表演者的身份；电视台转播时可以将表演者的身份在字幕中表明等。

（2）保护表演形象不受歪曲的权利，指表演者有权禁止他人对其表演中的表演形象进行歪曲和篡改。表演形象与表演者的名誉直接相关，歪曲其表演形象会给其演出事业带来重大打击，法律不允许任何人以任何手段丑化其表演形象。

2. 表演者的财产权

（1）现场直播权，即许可他人从现场直播和公开传送其现场表演，并获得报酬的权利。

（2）录音录像权，也称"首次固定权"，即表演者享有许可他人录音录像，并获得报酬的权利。

（3）复制、发行权，即许可他人复制、发行、出租录有其表演的录音录像制品，并获得报酬的权利。

（4）信息网络传播权，即许可他人通过信息网络向公众传播其表演，并获得报酬的权利。

需要注意的是：

表演者人身权因与人身密切相关，保护期限不受时间的限制；表演者财产权的保护期限为50年，截至表演发生后第50年的12月31日。

（二）表演者的义务

（1）使用他人作品演出，表演者应当取得著作权人许可，并支付报酬。演出组织者组织演出，由该组织者取得著作权人许可，并支付报酬。

（2）使用改编、翻译、注释、整理已有作品而产生的作品进行演出，应当取得改编、翻译、注释、整理作品的著作权人和原作品的著作权人许可，并支付报酬。

（3）不得侵犯著作权人的署名权、修改权、保护作品完整权和获得报酬的权利。

三、录音录像制作者权

录音制作者，是指录音制品的首次制作人。录像制品，是指任何对表演的声音或者其他声音的录制品。录像制作者，是指录像制品的首次制作人。录像制品，是指电影作品和以类似摄制电影的方法创作的连续相关形象、图像的录制品，录制品可以有伴音也可以无伴音。

（一）录音录像制作者的权利

（1）录音录像制作者对其制作的音像制品，享有注明自己姓名或名称的权利，该权利属于人身权。

为防止盗版，依照有关规定，未经注明音像制作者姓名或音像制作单位名称的音像制品，任何单位或者个人不得经销。

（2）录音录像制作者对其制作的音像制品，享有许可他人复制、发行、出租、通过信息网络向公众传播并获得报酬的权利；权利的保护期限为50年，截至该制品首次制作完成后第50年的12月31日。

（二）录音录像制作者的义务

（1）对著作权人的义务：录音录像制作者使用他人作品制作录音录像制品，应当取得著作权人许可，并支付报酬。

录音制作者使用他人已经合法录制为录音制品的音乐作品制作录音制品，可以不经著作权人许可，但应当按照规定支付报酬；著作权人声明不许使用的不得使用。

（2）对表演者的义务：录音录像制作者制作录音录像制品，应当同表演者订立合同，并支付报酬。

四、广播电视组织者权

广播电视组织者，是广播电台、电视台的统称。广播电视组织者权的主体是有线或无线广播电台、电视台，客体是播放的广播、电视节目信号，这些节目信号可以是广播电视组织者自己制作的，也可以是购买的。

（一）广播电视组织者的权利

（1）播放权：将自己制作或者购买的节目信号在其频道上播放、向观众提供节目内容的权利。

（2）重播权：在不同时间段或不同频道多次播放相同的节目信号的权利。

（3）分发权：将节目信号分发给其他广播电视组织者、使其在更广泛区域内播放的权利。

（4）制作变更权：在某些情况下，可能获得对购买的节目信号进行一定程度的制作变更或剪辑的权利，以适应其自身需求或受众。

（5）录制/复制权：许可他人将其播放的节目信号进行录制或复制的权利。

（6）网络传播权：许可他人将其播放的节目信号通过信息网络向公众传播的权利。

（7）广播电视组织者权的保护期为 50 年，截至该广播、电视节目首次播放后第 50 年的 12 月 31 日。

（二）广播电视组织者的义务

（1）播放他人未发表的作品，应当取得著作权人许可，并支付报酬。

（2）播放他人已发表的作品，可以不经著作权人许可，但应当支付报酬。

（3）播放已经出版的录音制品，可以不经著作权人许可，但应当支付报酬。当事人另有约定的除外。

（4）电视台播放他人的视听作品、录像制品，应当取得视听作品著作权人或者录像制作者许可，并支付报酬。

需要注意的是：

广播电视节目与节目信号是两个相关但不同的概念，广播电视节目是具体的视听内容，而节目信号不是具体的节目，而是包含节目内容的信号流，它可以传输多个不同类型的电视节目，包括音乐、新闻、体育、电影等。广播电视节目属于著作权客体，广播电视节目信号属于邻接权客体。

思考与延伸

1. 甲作词作曲创作了一首歌曲《母亲》。在这首歌发表前，甲请歌手乙试唱。2022 年中秋，在某养老院为老人们表演节目时，乙免费演唱了甲创作的《母亲》，赢得了老人们的欢迎。乙的行为是一种（　　）。

A. 合理使用行为　　　　　　　B. 侵权行为

C. 法定许可使用行为　　　　　D. 法定免费许可使用行为

2. 表演者使用他人未发表作品进行表演时，（　　）。

A. 不必经著作权人许可，但应当向著作权人支付报酬

B. 不必经著作权人许可，也不必向著作权人支付报酬

C. 应经著作权人许可，但不必向著作权人支付报酬

D. 应经著作权人许可，也应当向著作权人支付报酬

3. 简述表演权与表演者权的区别。

4. 简述邻接权与著作权的关系。

5. 试分析电影序幕名单人的权利。

（1）制片人：陈红；

（2）导演：陈凯歌；编剧：王朔；

（3）灯光、茶水：甲、乙；

（4）演员表：……

（5）词作者：A；曲作者：B；

（6）演唱：李谷一。

6. 案例分析：

北京 A 文化传播有限公司开设了点播影院，消费者通过点播系统即可观看 A 公司提供的《第一滴血》等电影作品。美国电影协会北京办事处发现后，确认有 36 部涉案电影作品的著作权为其协会成员单位享有，A 公司未获得商业性放映使用授权。北京市文旅局认定 A 公司侵权，责令其停止侵权行为。

试分析：A 公司侵犯了谁的权利？什么权利？

7. 案例分析：

陈某和朱某是非常著名的两位演员，他们创作并表演过三个喜剧小品，深受大家欢迎。1999 年由 A 出版社提供版号、出具复制和销售委托书，B 文化发展有限公司负责总经销，共同出版发行了小品系列剧的 VCD 光盘，VCD 光盘收录了上述三个喜剧小品，但未征求两位演员的意见。C 音像制品有限公司是一家零售兼批发音像制品的企业，从 B 公司购进 VCD 光盘并在上海地区批发销售。C 公司购买时，B 公司提供了 A 出版社的销售委托书和 D 影视音乐制作交流中心的授权书。

试分析：上述行为主体是否存在侵权？侵犯了什么权利？

第五章　著作权的侵权与责任

 教学要点

　　著作权的侵权与责任同样适用于邻接权。本章以著作权为例，具体包括：著作权的侵权行为、著作权侵权行为的种类以及侵犯著作权的法律责任。通过本章学习，能够掌握侵权行为的含义及特点、侵权行为的构成要件、侵权行为的类型，明晰侵权的法律责任（民事责任、行政责任和刑事责任），从而更好地尊重和保护著作权与邻接权。

案例

张军的苦恼

　　张军的作品与李小明在先创作并已发表的作品基本相同。李小明在某期刊上发现张军的作品后，便认为张军的作品是对其作品的抄袭，于是就此与张军交涉。

　　思考 张军如何维护自己的权利？

第一节　著作权的侵权行为

　　著作权侵权行为，是指未经著作权人或其他权利人的许可，又无法律上的特别授权，擅自对他人享有著作权的作品行使著作权人的专有权利，从而使著作权人合法权益受到侵害的违法行为。著作权侵权行为可分为直接侵权和间接侵权两种。

一、著作权侵权行为的法律特征

（一）侵权对象的多重性

著作权包括著作人身权和著作财产权，其中著作人身权包括署名权等4种，著作财产权包含复制权、表演权等12种权利，上述权利既可单独行使，也可组合行使，因此著作权体现出权利多重性及可分性的特点。因此，著作权侵权行为往往表现出同时侵害人身权与财产权的特点。

（二）侵权行为构成的复杂性

由于著作权客体的无形性和使用的非排他性特点，使得侵权行为的证据收集和认定难度大大增加。著作权侵权行为主要表现为剽窃、篡改、仿制和擅自使用等，是对著作权人"专有""专用"权利的侵犯，是对著作权绝对性和排他性的违反。

（三）被侵害主体的特定性

侵权行为所侵害的主体是著作权人。

（四）侵权形式的多样性

著作权权利多重性及可分性的特点，决定了侵权形式的多种多样。

二、著作权侵权行为的构成要件

（一）侵权行为具有客观性

只要行为人侵犯了著作权人的法定权利且无违法阻却事由，即可认定行为违法。违法阻却事由主要包括：正当防卫，紧急避险，自助行为，无因管理，权力行使，被害者的允诺。

（二）侵权事实的客观存在

著作权包括著作人身权和著作财产权，只要是通过对著作权绝对性和排他性的违反，给著作权人造成经济利益和精神利益的损害，就视为侵权事实的客观存在。

（三）行为人主观上有过错

行为人在实施侵犯著作权行为致使著作权人或邻接权人的权益遭受损害时，其主观上具有故意或过失。

（四）侵权与损害的因果关系

侵犯行为必须造成损害事实，即侵权行为使著作权人的人身权和财产权遭受到了损害，包括财产损失和精神损害。

第二节　著作权侵权行为的种类

一、擅自发表他人的作品

擅自发表他人的作品，是指未经作者同意，擅自将其未发表的作品公之于众的行为。具体包括三种情形：一是未经作者本人的许可将其未发表的作品公之于众；二是合作作者未经另一方的同意，擅自将合作作品以自己的名义进行发表；三是合作创作完成后，在不改变合作作品主旨、大意的情况下，将作品进行修改，调整语序或者将此种说法变成彼种说法，但是其含义不变，然后以自己的名义进行发表。

二、擅自在他人作品上署名

擅自在他人作品上署名，是指自己没有参加创作，但为谋取个人名利而在他人作品上署名。但是，如果是作者邀请一些名人在其作品上署名，则该行为不构成侵权。

三、歪曲、篡改他人作品

该行为属于侵犯作者的保护作品完整权，即未经作者的同意，擅自对作品进行歪曲、篡改致使作者的名誉或荣誉受损。歪曲，是指故意违背作者的本意采用诋毁的方式将其内容进行展示；篡改，是指采用随意修改的方式对作品内容进行删减，使作品的品质降低。

四、擅自使用他人作品

擅自使用他人作品，是指未经权利人的许可或者同意，又无明确法律依据的情况下使用他人作品的行为。此种行为一般会构成对他人著作财产权的侵犯。

五、剽窃他人作品

剽窃他人作品，是指行为人故意将他人的作品当作自己的作品进行发表的行为。剽窃他人作品包括两种情形：一是完全将他人的作品复制过来进行发表的行为；二是在一定程度上对他人的作品进行抄袭，并且抄袭范围已经明显超过了合理使用和引用的范围。但是，对于那些历史素材、地理知识等反映客观事实材料的使用，不构成剽窃。

六、应付而不支付报酬

《著作权法》明确规定，除了合理使用无须支付报酬外，其他行为均需要支付相应的报酬。

七、侵犯他人邻接权

侵犯他人邻接权，是指未经出版者许可，使用其出版的图书、期刊的版式设计，或者出版他人享有专有出版权的图书；未经表演者许可，从现场直播或者公开传送其现场表演，或者录制其表演，或者复制、发行录有其表演的录音录像制品，或者通过信息网络向公众传播其表演；未经录音录像制作者许可，复制、发行、通过信息网络向公众传播其制作的录音录像制品；未经许可播放或者复制广播、电视的行为。

八、制作、出售假冒他人署名的作品

制作、出售假冒他人署名的作品，具体包括四种行为：一是以临摹、誊印等方法复制知名作者的作品，然后署上原作者的姓名用于销售的行为；二是将创作作品

的第三人的姓名替换成某知名作者的姓名，假冒知名作者的作品出售的行为；三是在自己创作的作品上署某知名作者的姓名进行出售的行为；四是出售假冒他人署名的作品。

九、侵犯他人著作权保护措施

侵犯他人著作权保护措施，是指未经著作权人或者与著作权有关的权利人许可，故意避开或者破坏权利人为其作品、录音录像制品等采取的保护著作权或者与著作权有关的权利的技术措施，但法律、行政法规另有规定的除外。

第三节　侵害著作权的法律责任

著作权侵权的法律责任，是指侵权人因其侵权行为违反《著作权法》的规定，对于权利人所受的损失承担相应的法律后果。侵权人因其侵权行为承担的法律责任主要有：民事责任、行政责任和刑事责任。

一、民事责任

《著作权法》规定的民事法律责任包括停止侵害、消除影响、赔礼道歉、赔偿损失，主要是针对以下侵权行为：

（1）未经著作权人许可，发表其作品的；

（2）未经合作作者许可，将与他人合作创作的作品当作自己单独创作的作品发表的；

（3）没有参加创作，为谋取个人名利，在他人作品上署名的；

（4）歪曲、篡改他人作品的；

（5）剽窃他人作品的；

（6）未经著作权人许可，以展览、摄制视听作品的方法使用作品，或者以改编、翻译、注释等方式使用作品的，著作权法另有规定的除外；

（7）使用他人作品，应当支付报酬而未支付的；

（8）未经视听作品、计算机软件、录音录像制品的著作权人、表演者或者录音录像制作者许可，出租其作品或者录音录像制品的原件或者复制件的，著作权法另有规定的除外；

（9）未经出版者许可，使用其出版的图书、期刊的版式设计的；

（10）未经表演者许可，从现场直播或者公开传送其现场表演，或者录制其表演的；

（11）其他侵犯著作权以及与著作权有关的权利的行为。

停止侵害是指法院责令侵权人停止正在进行的侵权行为，无论侵权人主观上是否有过错，只要行为人客观上有侵权行为，都应该立即停止侵害行为；消除影响是指法院责令侵权人在一定的范围澄清其侵权行为，以消除对著作权人产生的不良影响；赔礼道歉是指在一定范围内向被侵权人公开承认错误；赔偿损失是指侵权人因其侵权行为对权利人在经济上的补偿。

二、行政责任

有下列侵权行为且侵权行为同时损害公共利益的，由国家著作权行政管理部门依照法律规定，对侵犯著作权或邻接权的行为给予行政处罚，具体包括：责令停止侵权行为，予以警告，没收违法所得，没收、无害化销毁处理侵权复制品以及主要用于制作侵权复制品的材料、工具、设备等，违法经营额五万元以上的，可以并处违法经营额一倍以上五倍以下的罚款；没有违法经营额、违法经营额难以计算或者不足五万元的，可以并处二十五万元以下的罚款。

适用行政责任的侵权行为如下：

（1）未经著作权人许可，复制、发行、表演、放映、广播、汇编、通过信息网络向公众传播其作品的，著作权法另有规定的除外。

（2）出版他人享有专有出版权的图书的。

（3）未经表演者许可，复制、发行录有其表演的录音录像制品，或者通过信息网络向公众传播其表演的，著作权法另有规定的除外。

（4）未经录音录像制作者许可，复制、发行、通过信息网络向公众传播其制作的录音录像制品的，著作权法另有规定的除外。

（5）未经许可，播放、复制或者通过信息网络向公众传播广播、电视的，著作权法另有规定的除外。

（6）未经著作权人或者与著作权有关的权利人许可，故意避开或者破坏技术措施的，故意制造、进口或者向他人提供主要用于避开、破坏技术措施的装置或者部件的，或者故意为他人避开或者破坏技术措施提供技术服务的，但法律、行政法规另有规定的除外。

（7）未经著作权人或者与著作权有关的权利人许可，故意删除或者改变作品、版式设计、表演、录音录像制品或者广播、电视上的权利管理信息的，知道或者应当知道作品、版式设计、表演、录音录像制品或者广播、电视上的权利管理信息未经许可被删除或者改变，仍然向公众提供的，法律、行政法规另有规定的除外。

（8）制作、出售假冒他人署名的作品的。

三、刑事责任

刑事责任，是指行为人因其侵权行为触犯刑法，依照刑法的规定而承受相应的刑罚。根据《著作权法》第 53 条规定：构成犯罪的，依法追究刑事责任。

思考与延伸

1. 简述著作权侵权行为的含义、特征和构成要件。

2. 擅自发表他人作品的侵权行为有几种情形？

3. 案例分析：

2022 年 4 月 23 日，歌唱演员张某去作曲家李某家做客，得知李某当天刚创作完成歌曲《冬天的太阳》，便提出试唱，李某同意。张某试唱效果甚佳，张某、李某皆满意。张某提出是否可专由他演唱此歌，李某答复以后再说。张某于几天后，一次义演上即演唱此歌，并称此歌是由其新创作的歌曲。张某对该歌曲的演唱引起轰动。第三天某电视台即邀张某在庆"元旦"文艺晚会上演唱此歌，张某得酬金 500 元。此事被李某得知即起诉法院，诉张某侵权。请就此案，回答如下问题：

（1）歌曲《冬天的太阳》的著作权归谁？

（2）张某义演歌曲《冬天的太阳》的行为是否侵权？为什么？

（3）张某在庆"元旦"文艺晚会上演唱《冬天的太阳》的行为是否侵权？为什么？如属侵权行为，侵犯了谁的何种著作权？

4. 案例分析：

（1）一般认为，《红楼梦》前 80 回是清代作家曹雪芹所著，后 40 回由他人续写。

（2）《莘莘学子》小说系作家张三所写、1989 年出版发行，书中描写了某大学计算机学院 4 名硕士研究生的读研生活。2002 年，由李四创作的《莘莘学子之后》由 A 出版社出版、发行，封面有"莘莘学子续集"字样。《莘莘学子之后》利用《莘莘学子》中的人物设计、人物关系、人物性格，模仿张三的语言和创作风格，延续了《莘莘学子》的故事，使《莘莘学子》中 4 名主人公的经历、命运得到新的发展。

《莘莘学子之后》出版后即遭作家张三起诉侵权。

在《莘莘学子之后》风波平息不久，B 出版社出版了一本署名为王五的作者撰写的《莘莘学子大结局》，故事延续李四的《莘莘学子之后》，同样围绕着 4 名主人公的人生经历展开。作家张三再次拿起法律武器，请求著作权管理机关给予处理。

试回答：

（1）从著作权的角度，如何评判《红楼梦》后 40 回的续写？

（2）作者李四、王五是否存在侵权行为？为什么？

第四编

商标法基础与实务

本编概述

　　商标权是知识产权的一种。商标作为一种标识，是消费者用于区分商品生产者或服务提供者的重要途径，也是企业在市场竞争中的重要资源。商标法是一种法律规范，主要涉及商标的注册、使用、保护和管理等方面，其主要目的是保护商标专用权，促使生产、经营者保证商品和服务质量，维护商标信誉，以保障消费者和生产、经营者的利益，促进社会主义市场经济的发展。本编主要包括商标概述，商标的种类，商标的注册、续展与终止，商标使用与法律保护。

第一章 商标概述

教学要点

　　具体包括：商标的概念及属性，商标法的起源与发展，商标的功能以及商标与相邻标记的区别。通过本章学习，能够深入了解我国商标制度的历史沿革，掌握商标的基本含义、特征以及商标在区分商品生产者或服务提供者方面的重要功能，正确理解商标在来源标示、品质保证、广告宣传、增强竞争力和传递文化等方面的工作机理。

案例

天价商标"可口可乐"

　　"可口可乐"是大众熟知的品牌。可口可乐1886年诞生于美国佐治亚州亚特兰大市，迄今为止已经有127年的历史。目前，全球每天有17亿人次的消费者在畅饮可口可乐公司的产品，大约每秒钟售出19 400瓶饮料。虽然可口可乐不被认为是一个健康的产品，但其总是向消费者和社会传达健康的品牌内涵。如今，可口可乐已经成为了一种文化，已成为我们生活中的一部分。目前"可口可乐"商标价值549亿美元，位居全球第三。

　　思考 商标的价值是如何产生的？对企业发展有何作用？

第一节 商标的概念及属性

一、商标的概念

商标在中国常被称为"牌子",在英美国家称其为"Trademark"或"Brand"。商标在日常生活中可谓司空见惯,每个消费者都能说出几个自己喜欢或者常用商品的商标,更有甚者只专注于消费几个牌子的商品,其他不关注,这也从一定角度反映出商标对消费者消费具有导购促销的作用。

然而,若把商标定义为商品的标记又过于宽泛,因为"商品的标记"很多,如原产地名(烟台)、通用名称(保险)、商品材质(羊绒衫)、服装款式(连衣裙)等。他们虽然在一定程度上也起到了区别商品的作用,但上述标记仅能区分商品的种类,并不能区分商品的生产者或服务的提供者。在后面的内容中也会发现,商标(不包括驰名商标)的区别效力通常仅限定于同种或类似商品或服务,跨领域不起作用。

《商标法》规定:任何能够将自然人、法人或者其他组织的商品与他人的商品区别开的标志,包括文字、图形、字母、数字、三维标志、颜色组合和声音等,以及上述要素的组合,均可以作为商标申请注册。基于法律的规定,商标的定义可以归纳为:商标是商品的生产者或服务的提供者在其商品或服务上使用的,由文字、图形、字母、数字、三维标志、颜色组合和声音及上述要素组合构成并可感知的,用于识别商品或服务来源的商业标记。

二、商标的属性

商标是一种商业标记,广泛用于产品和服务,其最根本的职能就是将商标与特定的商品或服务之间的关系加以确认,以利于消费者将同种或类似商品的生产者或服务的提供者区别开来,便于识别消费。所以商标与一般的标识相比,具有独特的属性。

(一) 商标与商品或服务密不可分

依照《商标法》,商标由文字、图形、字母、数字、三维标志、颜色组合和声音及上述要素组合构成。但是上述要素在与特定商品或服务结合之前,充其量是语言文字中的元素、具有艺术价值的绘画、雕塑或一段美妙的音乐，只能算作智力劳动成果，而不是《商标法》意义上的商标，消费者无从感知上述标记与任何商品或服务的关系。商标只有与商品或服务关联起来，方能起到消费者识别商品或服务来源的作用。

（二）商标的价值是在使用中产生的

当商标未与特定商品或服务结合时，任何消费者均不会由此联系到特定商品或服务，其识别和导购促销的价值为零。当商标投入使用后，消费者就会对两者产生关联，尤其是口碑良好的商品所使用的商标，必定会在消费者群体中产生良好的商誉，这些商誉包含着科学的管理、良好的品质或优秀的服务等。这些商誉又会进一步促进商品或服务的营销，为商品的生产者或服务的提供者带来更大收益，所以商标的价值是在使用中积淀凝练的。

（三）商标的显著性

商标的直接功能是区分，就像运动员的号码，必须具有显著性，易于将同种或类似的商品或服务区分出来。我国法律规定商标的构成要素包括文字、图形、字母、数字、三维标志、颜色组合和声音以及上述要素的组合，有些国家法律甚至还规定气味也可以作为商标注册，这决定了商标应该是人的视觉、听觉能够感知到的，有利于消费者通过被赋予特殊意义的商标对商品或服务进行识别并选择消费。此外，随着商标的长期连续使用，消费者对其商品或服务产生了特定的认识，能够通过商标将其商品或服务与其他区别开来，从而获得显著性。如"Kodak"模拟相机按动快门的声音，作为照相机的商标就具有显著性。如果商标过于简单或过于复杂，或使用单一颜色或用地名、数字等，没有或弱显著性就会大大降低商标的区别功能。

第二节　商标法的起源与发展

一、商标法的历史沿革

商标作为商品或服务的标记，它的产生和发展最早与商品经济有着紧密的联系，是商品经济的产物。在商品经济出现以前，人们生活主要是自给自足，商品数量匮乏且供应渠道简单，没有使用标记的需求。即使某些出土物品上刻有文字或图形标记，这些标记也只是用于装饰、纪念或表示私有权，不具有现代商标功能。

随着商品经济的发展，商品标记制度也日趋完备。1804 年法国颁布了《拿破仑法典》，被视为近代商标制度的开创。该法典主要侧重于民法和契约法等领域，虽然提及商标，但未提供详细的商标注册程序或专门的商标权益保护规则。1857 年法国颁布了《关于以使用原则和不审查原则为内容的制造标记和商标的法律》，该法律更加专注于商标的保护，明确定义了商标的使用和注册程序，确立了商标的注册制度，是世界上首部具有现代意义的商标法。19 世纪后半叶，欧洲各国以及美国都先后颁布了商标法：英国在 1862 年和 1875 年分别颁布了《商品标记法》和《注册商标法》；美国在 1870 年制定了《联邦商标法》；德国在 1874 年颁布了《商标保护法》；日本在 1884 年颁布了《商标条例》。

现代的商标制度以 1883 年缔结的《巴黎公约》为起点，该公约将商标纳入工业产权保护范围，允许申请人在不同的缔约国中提出商标注册申请，为商标的国际化保护奠定了基础，标志着商标制度开始进入现代阶段。围绕《巴黎公约》，之后又陆续签订了一些和商标有关的国际公约和协定，如《国际商标注册马德里协定》《商标注册用商品和服务国际分类尼斯协定》《保护原产地名称及其国际注册里斯本协定》《商标注册条约》及《建立商标图形要素国际分类维也纳协定》等，都是与商标保护相关的国际法律文书。这些协定进一步规范了国际商标注册、分类、原产地名称保护等方面的事项，推动了商标法律制度向国际化方向发展。

1994 年世界贸易组织通过 TRIPs 协议，该协议强制要求成员国采取措施以确保对商标的有效保护，包括法律保护、执法措施和国际协作等方面的要求。TRIPs 协议将商标权保护提升到了更高的国际标准，促进了全球知识产权保护的一体化。

二、中国商标法的历史沿革

我国历史上第一部现代意义的商标法是 1904 年清政府颁布的《商标注册试办章程》，该法于同年开始实施。国民政府建立后，北洋政府和南京国民政府也都颁布了各自的商标法，对促进当时的商标保护和商品流通起到了一定的积极作用。

中华人民共和国成立后，1982 年第五届全国人民代表大会常务委员会通过了《商标法》，该法于 1983 年 1 月 1 日正式施行，从此中国商标制度进入了一个新纪元。随着我国市场经济的深入发展，《商标法》分别于 1993 年、2001 年和 2013 年进行了三次修订。这些修订使《商标法》逐渐达到了国际公约的商标保护水平，为中国的商标制度走向国际化迈出了重要一步。

第三节　商标权的产生及内容

商标权是指商标所有人在一定地域范围内对其商标所享有的支配性和排他性权利。

一、商标权的产生

商标权是一种私权。当今世界商标权的产生有两种：因注册而产生和因使用而产生，换而言之就是注册（有手续）主义和使用（无手续）主义。目前，世界各国既有采用注册主义的，也有采用使用主义的，还有采用双重标准的，即注册和使用均可产生商标权。

无论是注册主义还是使用主义，或者二者兼采，各有利弊。采用注册主义的，由于经过审查，商标权利状况相对稳定，并且由于注册制度中大多伴有公示条款，能够使权利内容更加透明。在他人使用或申请注册商标时便于查询和判断是否会同别人的商标权发生冲突，也确保了在经营者进行商标权转让、许可使用、质押等与商标权相关的经济活动的交易安全。但是由于商标权的归属按照申请注册商标的先后顺序确定，也暴露出一些弊端，比如有人利用注册程序进行拖延、阻碍竞争对手注册，进而损害先使用人利益的不当竞争；还有人恶意抢先注册他人在先使用的有一定影响力的商标，然后再以高价让真正的使用人回购；抑或有人利用该制度注册了大量的商标却并不用于生产经营，让大量闲置的注册商标成为一种买卖的交易资源待价而沽。采用使用主义的弊端正好是注册主义的优点，目前世界上采用注册主义的国家多于采用使用主义的国家。《商标法》实行注册制度，即商标权通常因注册而产生。

二、商标权的内容

商标权的核心在于赋予商标所有人有权控制其注册商标的商业性使用。商标所有人自己可以在指定的商品或服务上使用注册商标，也可以许可他人使用自己的注册商标，并且有权禁止他人在一定范围内的商业性使用。

（1）商标权本质上是商标所有人对特定符号与特定商品或服务信息之间对应关系的支配权，而不是对商标符号的支配权。商标法保护的是特定符号与特定商品或服务信息之间的对应关系，而不是商标符号本身。

（2）商标权同时是一种扩张的禁止权。商标所有人除了享有商标支配权本身包含的禁止权，还在商标支配权之外的"禁区"享有禁止权，具有"禁"与"行"不一致的特点。他人违反诚信原则，未经许可利用商标所有人的特定符号与特定商品或服务信息之间对应关系进行营利的行为（在相同商品上使用相同商标），以及通过干扰（在相同商品上使用类似商标、在类似商品上使用相同或近似商标）、割裂（反向假冒）、淡化（跨类使用商标使用人的驰名商标）商标所有人的特定符号与特定商品或服务信息之间对应关系的手段进行营利的行为，均构成商标侵权。对于他人侵害商标权的行为，商标所有人有权加以禁止。

（3）商标权是种特殊的民事权利。法律赋予商标所有人商标权，一方面是为了保护商标所有人的私权，另一方面也是为了保护消费者的合法权益。

（4）商标权具有地域性。商标所有人只在一定地域范围内才享有商标权，超越这个地域范围就没有商标权可言。随着知识产权国际保护制度的建立，商标权的地域范围有进一步扩大的趋势。

第四节　商标的功能

商标的功能，是指商标在商品生产、交换或提供服务的过程中所具有的价值和发挥的作用，主要有以下几个方面。

一、来源标示

商标是识别商品或服务来源最简捷、最有效的手段。在激烈的市场竞争中，不同生产经营者或服务提供者往往供给同种类或类似的商品或服务，但由于厂家的生产条件、制作工艺、产品和服务质量及管理方法和水平不尽相同，价格定位也会因之不同。企业想要在激烈的市场竞争中获得优势，就有必要在其商品或服务上设置易于消费者辨识的醒目商标，使消费者通过识别商标判断出商品或服务的来源，根据自身喜好进行选择。

二、品质保证

质量是商标的基石。商品经济时代，即使是同一种商品、同一项服务，生产者和服务者不同，其质量、特性、价格等方面也可能存在差异。商标是识别商品或服务来源的有效手段，消费者经常会根据他们对某个商标的认知来判断商品或服务的质量和可靠性，所以商标在很大程度上代表了一家企业或品牌的信誉和声誉。为了赢得更多的客户，占据更大的市场，生产经营者就必须不断提高其产品和服务的质量，以维护和提升商标的价值和信誉，否则就"砸了牌子"。所以，商标在某种程度上也起到了促进或提高产品质量和服务质量的作用。

三、广告宣传

广告是企业在市场竞争中取得成功的关键工具之一。通过精心设计的商标宣传，企业能够将特定商品或服务与具体商标关联起来，迅速提高商品或服务的知名度，创造出广泛的市场效应。此外，伴随着生活节奏的加快，商标已成为消费者了解商品或服务的主要依据，消费者在日常消费中也越来越依赖商标作出决策。所以商标广告有助于消费者将特定商品或服务与具体商标紧密联系在一起，不断深化消费者对商标的认可，使消费者更愿意选择与之相关的产品或服务进行消费，所以商标又称为企业的"黄金名片"。

四、增强竞争力

企业在激烈的市场竞争中想要获得一席之地，仅仅凭借科学的经营管理、优质的产品和服务还是不够的，需要商标来进一步增强企业竞争力。商标有利于企业提高商品和服务质量，增强企业的竞争力，在竞争中淘汰掉劣质产品，为优质企业赢得信誉。

五、传递文化

商标背后往往蕴含着关于人类生活或企业发展理念的美好寓意，让消费者在获得商品的同时，感受并传递企业的文化。同时，一些商标被人熟知后还可以丰富大众交流和文化传播媒介中使用的词汇，演化为一种具有特定文化内涵的象征性社会符号，随着商标进入公共话语领域。如耐克公司把"耐克"作为运动服装的商标，"耐克"一词在希腊神话中意为胜利女神，用在体育用品上很贴切；中国国际航空公司将一只红色的凤凰作为标志，凤是一种美丽吉祥的神鸟，以此作为航徽，因凤飞蓝天而与其服务内容暗合，同时以凤为徽又寄予了对天下万物的一种美好祝福。

第五节　商标与相邻标记的区别

一、商标与商号

（一）使用对象不同

商号亦称企业名称，是企业或商事主体为表明不同于其他企业或商事主体而使用的特殊名称。商号与企业或公司联系在一起，而商标是与其标志的商品或服务紧密相连的。一个企业可以拥有多个商标，但商号只有一个。

（二）功能不同

商号是企业或商事主体的标志，主要满足于各级行政管理部门方便管理，商标是用以区分同种或类似商品或服务的来源渠道。

（三）产生的法律依据不同

商号依《企业名称登记管理暂行规定》进行登记后，可获得商号权，而商标则依《商标法》申请注册，才能获得商标权。现实中，商标与商号重复的情况很多，如海尔集团的海尔既是企业商号的一部分，也是企业的一个商标。

（四）对显著性要求不同

商号对显著性没有严格要求，只要在各自批准登记注册企业的范围内不重名即可。商标要求必须具有显著性，相近似的商标不允许注册在相同或类似商品或服务上。

（五）构成要素不同

商标可以由文字、图形、字母、数字、三维标志、颜色组合和声音等及上述要素组合构成，而商号仅由文字构成。

二、商标与广告和装潢

（一）使用目的不同

商标的目的主要是识别；商品广告装潢的目的在于说明或美化商品。

（二）构图设计不同

商标构图力求简洁、明快，便于区别；而商品广告装潢着力于渲染、美化商品，以便吸引消费者消费。

（三）构成要素不同

商标内容一般不能与商品内容相同，如商品的质量、成分等，而广告装潢则不受此限制。

（四）使用要求不同

商标属于商标权人，经核准注册后不得随意改变；而广告装潢受著作权法保护，可随意变动。

三、商标与地理标志

（1）地理标志又称原产地名称，表明商品来源于某地区，并且该商品的特定质量与当地的地理环境、传统技术等自然因素或人文因素有关，如"烟台苹果""胶东馒头"等。

（2）地理标志不具有专有性和独占性，由原产地内的众多生产经营者共同使用和享有，个人不能申请注册、转让或许可使用。注册商标属于商标注册人所有，可以依法转让或许可使用。

四、商标与域名

（1）域名是对应于互联网数字型地址的字符型地址，具有国际性。而商标具有地域性，只在特定国家和地区范围内受法律保护，并且以相同或类似商品为界。

（2）域名具有唯一性，但相似的域名能够同时存在。而相近似的商标不允许注册在相同或类似的商品上。

（3）域名必须注册后才能使用，一般不予审查，先注册先占。而商标除法律另有规定外，实行自愿注册制，注册时要经过审查。

五、商标与特殊标志

（1）特殊标志指经国务院批准举办的全国性或国际性文化、体育、科学研究以及其他社会公益活动所使用的，由文字、图形组成的名称及缩写、会徽、吉祥物等。

（2）特殊标志经国家市场监督管理总局行政管理部门核准登记，特殊标志所有人享有专有权，可以自己或许可他人在国家商标局核准使用该标志的商品或服务项目上使用，有效期4年。所有人可在期满前3个月提出延期申请，具体延长期限由国家市场监督管理总局行政管理部门决定。

（3）商标与特殊标志使用的法律、核准程序、有效期限均不相同。

思考与延伸

1. 简述商标与商品名称、商号的区别。

2. 简述商标与地理标志的区别。

3. 案例分析：有句古话"酒香不怕巷子深"，企业只要把产品和服务做好，效益自然会来。你认为对吗？为什么？

4. 案例分析：

拉链被誉为100年来最伟大的发明之一，是服装上非常重要的配件。YKK作为拉链界的拉链之王，2016年1年就生产了84亿条拉链，长度相当于190万公里，足够绕地球47圈，占据日本90%和全球45%的市场份额。很多品牌服装愿意保有YKK的logo，优衣库、阿迪达斯、耐克均是YKK的长期客户。甲公司看好拉链的市场前景，高薪聘请技术专家改进产品，最后产出的拉链，其质量和性能与 YKK 不分伯仲，但价格却远低于 YKK。当甲公司信心满满带着价廉物美的产品到品牌厂家低价推销时却遭到多数厂家的冷遇：品牌不知名。

试分析：价廉物美不好吗，为什么要追求高价品牌？

5. 案例分析：

康利公司是一家贴牌领带生产企业，相差不多的领带出货时贴上不同的商标价格就大不相同：贴一般商标，售价 100 ~ 188 元；国内知名商标，售价 500 ~ 588 元；国际著名商标，售价 1000 ~ 1288 元。虽然领带价格大不一样，但材质、生产工艺、产品功能却基本相同，市场上销售最好的也是贴国际驰名商标的领带。

试分析：商标对商品的价格为什么影响这么大？是消费者不理智吗？

第二章　商标的种类

教学要点

　　具体包括：视觉商标和非视觉商标，商品商标和服务商标，集体商标、证明商标和等级商标，联合商标和防御商标。通过本章学习，深入了解和掌握不同类型商标的识别特征以及权利和限制，有助于企业在市场上更好地建立商标的独特性和可识别性，科学进行品牌管理、法律保护和市场营销决策，建立和提升品牌价值。

案 例

著名商标展示

思考 上述商标分别属于哪类？

第一节　视觉商标和非视觉商标

根据商标构成要素作用于人们的感知器官带来的认识不同，商标可以分为视觉商标和非视觉商标。其中视觉商标按照商标结构可以分为文字商标、图形商标、字母商标、数字商标、立体商标和组合商标，非视觉商标分为听觉商标、味觉商标和触觉商标。

一、视觉商标

视觉商标主要由文字、图形、字母、数字、三维标志、颜色组合等以及上述要素的组合构成。

（一）文字商标

文字商标指仅用文字构成、不含其他图形成分的商标，包括汉字、少数民族文字、数字和外国文字或以各种不同字组合的商标。除商品的通用名称和法律明文规定不得使用的文字外，申请人可以自由选择文字作为商标。我国的文字商标以汉字为主，出口商品多为外国文字。文字商标具有上口易记、简洁明快的优点，如"恒源祥"服装、"OPPO"手机等。

（二）图形商标

图形商标指仅用图形构成的商标。主要分为用某种简单符号构成的记号商标、以较抽象的图形构成的几何图形商标和以人物、动植物、自然风景等自然物象构成的自然图形商标。图形商标的优点是外观生动形象、易于识别且不受语言的限制，不论是使用何种语言的国家和地区的人们，只要会识别图形，就会了解商标的含义。缺点是图形商标常有多种称谓，不便于称呼。注册申请人通常会用一个名称来固定其称谓,方便使用。例如,"耐克"体育运动产品、"三菱"汽车、"QQ"聊天软件。

(三)字母商标

字母商标指用拼音文字或注音符号的最小书写单位,包括拼音文字、外文字母如英文字母、拉丁字母等所构成的商标。如"麦当劳"餐厅、"H&M"服饰等,随着字母商标申请注册的比例逐渐上升,对字母商标的创意要求随之提高。具有显著特征、便于消费者识别的字母商标更容易脱颖而出。

(四)数字商标

数字商标指用阿拉伯数字、罗马数字或者是中文大写数字所构成的商标,如"361°"体育用品、"999"感冒灵。数字商标较早被人申请为商标,其优点是形象直观、便于记忆,缺点是缺乏识别性,导致有些国家对此不予注册。

$361°$ 999®

(五)立体商标

立体商标指用具有长、宽、高三种度量的三维立体物标志构成的商标标志。包括商品的包装、商品的容器,甚至商品的外形。如"费列罗"巧克力、"劳斯莱斯"

汽车、"可口可乐"汽水瓶。

（六）组合商标

组合商标分为两种，一种是颜色组合商标，另一种是成分组合商标。

1. 颜色组合商标

由两种或两种以上的彩色排列、组合而成的商标。这种商标既可以是颜色与文字、图形的组合，也可以是由多种色彩构成的组合。颜色本身可以起到识别商品或服务来源的作用，能给消费者带来强烈的视觉冲击，从而有利于提升广告宣传的效果。《商标法》规定，必须是两种以上颜色的组合才可以注册颜色商标，例如"百事可乐"商标。

2. 成分组合商标

由两种或两种以上成分相结合构成的商标，也称复合商标。它要求文字、图形、记号组合协调，图文一致。例如，"七匹狼"男装、"大白兔"奶糖、"重庆"航空公司。组合商标的特点是图文并茂、易于融合、引人注意、便于呼叫、观赏性强，因为其容易引起消费者的注意，所以在实际生活中的使用率远高于其他商标。

二、非视觉商标

非视觉商标分为听觉商标、味觉商标和触觉商标，目前我国商标注册实务中尚不认可味觉商标和触觉商标的注册。

（一）听觉商标

以音符编成的一组音乐或以某种特殊声音作为商品或服务的商标即是听觉商标。听觉商标能够生动形象地宣传产品。例如，《猫和老鼠》片头配乐，它需要通过听觉才能感知。听觉商标既可以是自然界中真实的声音，也可以是人工合成的声音，目前其只在中国、美国、法国、西班牙等少数国家得到承认。

（二）味觉商标

以某种特殊气味作为区别不同商品和不同服务项目的商标。其不能通过视觉感知，属于非形状商标的一种。目前，味觉商标只在个别国家被承认。例如，孩之宝（Hasbro）美国玩具公司，将培乐多彩泥（Play–Doh）的独特气味注册为商标。我国《商标法》没有对味觉商标作出规定。

（三）触觉商标

触觉商标是指通过质地平整光洁程度来区别商品或服务的商标标志。例如，国外有企业在名片、信封、公司简介、包装袋上使用特殊材料，以达到与众不同的效果。

第二节　商品商标与服务商标

根据商标所使用的对象，商标可以分为商品商标和服务商标。

一、商品商标

商品商标相对于服务商标而言，是人们生活中最常见、使用最广泛、数量最多的一种商标，是专用于商品上用来识别商品来源的标记，是商标的最基本表现形式，其可以直接在产品本身上标注，也可以用于产品的广告宣传。

商品商标又可细分为商品生产者的产业商标和商品销售者的商业商标，如使用在汽车上的"大众"商标为商品生产者的产业商标，使用在零售品牌上的"苏宁易购"为商品销售者的商业商标，等等。

二、服务商标

随着第三产业的服务业蓬勃发展，服务商标应运而生，构成要素与商品商标相同，是服务的经营者在其向社会公众提供的服务项目上所使用的区别标志。银行或保险公司所提供的金融服务、航空公司或铁路运输部门提供的交通运输服务、各个电视台提供的视听服务等，均可用各自的服务商标以示区别。如金融业的"中国农业银行"标记、电视台的"山东卫视"等。

第三节　集体商标、证明商标和等级商标

根据商标权人与使用人的关系以及商标所起的作用，商标可以分为集体商标、证明商标和等级商标。

一、集体商标

集体商标指以团体、协会或者其他组织名义注册，供该组织成员在商事活动中使用，以表明使用者在该组织中的成员资格的标志。建立集体商标制度和使用集体商标是一项十分重要的战略措施，有利于保护我国传统名优产品、增强商标的声誉、取得规模经济效益，提高商品在国内外市场的竞争力。例如，安溪铁观音、长白山人参、佛山陶瓷、郫县豆瓣、金华火腿等均为集体商标。

二、证明商标

证明商标指由对某种商品或者服务具有监督能力的组织所控制，而由该组织以外的单位或者个人使用其商品或者服务，用以证明该商品或者服务的原产地、原料、制造方法、质量或者其他特定品质的标志。证明商标主要有两种：一是原产地证明商标；二是质量标记，指用以证明商品或服务具有某种特定品质的品质证明商标，如"绿色食品""WOOLMARK"标志。证明商标不属于任何个人或企业专有，只要来源于某一地区或达到了相应的质量标准就都可以使用，但擅自使用这些标记会侵害消费者的利益，在这种情况下，消费者可以直接起诉生产者或经营者。

三、等级商标

等级商标是指商标权人为了区分自己同种商品的不同档次而使用的不同商标。

需要注意的是：等级商标虽然是为了区分商品的不同档次，但就商标图案或造型本身而言并无任何描述商品档次的含义，即在构成上与其他商标没有差别。等级商标的使用只是商标权人为了维持其商标在消费档次上的定位而采取的一种经营手法，如宝洁公司的"海飞丝""飘柔""潘婷"洗发水，联合利华的"洁诺""夏士莲""力士""旁氏"日化用品。

第四节　联合商标和防御商标

根据商标权人注册商标的使用目的，商标可以分为联合商标和防御商标。

一、联合商标

联合商标是指同一企业在同一种或类似商品或服务上申请注册的两个或者两个以上的近似商标，其目的主要是有效防止他人在同类商品上注册或使用类似商标。企业将首先注册或主要使用的商标作为主商标，将其他的商标作为该主商标的联合商标，一方面可以起到保护主商标的作用，防止他人注册或使用与主商标近似的商标；另一方面可以满足新产品的开发和企业发展的需要，在产品更新换代时使用与原注册商标近似的商标，借助原有品牌的影响力促进新产品的销售。例如，上海冠生园集团有限公司为了保护"大白兔"商标不受他人侵害，该公司又注册了"小白兔""大花兔""大灰兔""白兔"等商标。

二、防御商标

防御商标是指为防止他人在不同类商品或服务上使用与自己的商标相同的图案，将自己的商标图案注册在各类非类似商品上所形成的商标。原来的商标为主商标，注册在其他类别的商品或服务上的同一个商标为防御商标。防御商标可以对主商标起到保护作用，维护商标信誉，避免其他商家的搭便车行为，从而保证消费者权益。例如，中兴通讯在商标的 45 个类别上都注册了"中兴"商标。

思考与延伸

1. 下列商标中属于服务商标的有（   ）。

A. 嘉陵摩托   B. 洁诚洗染店

C. 伊利牛奶   D. 可口可乐

2. 某中式快餐店根据自己的服务项目和特色设计了一个商标，该商标属于（   ）。

A. 证明商标   B. 销售商标

C. 服务商标   D. 集体商标

3. 根据书中划分的商标种类分别列举一例。

4. 简述联合商标和防御商标的异同。

第三章 商标注册、续展与终止

教学要点

具体包括：我国商标的产生原则，商标注册申请前的查询，商标的注册，商标权的期限、续展与终止。通过本章学习，清楚我国商标权的取得方式，掌握商标注册流程中对一些形式条件和实质条件的审核标准，熟悉商标查询、商标注册申请、商标续展等实务，有助于提高商标注册成功率，合理进行商标管理。

"芭黎贝甜"碰瓷"巴黎贝甜"

原告：艾丝碧西投资有限公司。

被告：金某及北京芭黎贝甜企业管理有限公司（以下简称"北京芭黎贝甜公司"）

原告称，"巴黎贝甜""PARIS BAGUETTE"是原告经营的面包店服务的知名快餐品牌，已成为这一服务领域的驰名商标。两被告注册与原告商标近似的"芭黎贝甜"等商标近百枚，并未经原告许可在其网站上宣传使用原告的"巴黎贝甜""PARIS BAGUETTE"商标，侵犯了原告对于其未注册驰名商标的相关权利。且两被告以强制转让商标为目的，采取针对原告及其加盟商的民事诉讼、行政投诉、上门骚扰等一系列行为，严重威胁和影响了原告的正常经营，已构成不正当竞争，给原告造成了巨大的经济损失。

被告辩称，原告"巴黎贝甜"和"PARIS BAGUETTE"商标的使用属于违法性使用，不能认定为未注册的驰名商标。被告对自己合法注册商标的正常使用行为不构成侵权，其对相关主体的警告和投诉以及诉讼行为亦是正常的维权行为，不构成不正当竞争。

2021 年 2 月，北京知识产权法院审结涉及"巴黎贝甜""PARIS BAGUETTE"商标侵权及不正当竞争纠纷案。一审判令被告金某及北京芭黎贝甜公司停止使用"巴黎贝甜"未注册驰名商标，停止使用包含"芭黎贝甜"的企业名称，停止以胁迫交易系列商标为目的的恶意骚扰举报等不正当竞争行为，并判令赔偿原告经济损失及合理支出共 150 万元。

思考 商标注册需要满足哪些条件？什么样的商标不予注册？

第一节　我国商标的注册原则

《商标法》规定实行注册制度，即商标权通常因注册而产生。但我国实行的注册制度并不排斥未注册商标的使用，只是未注册商标不享有专有权，即无法排斥他人在同种或者类似商品或服务上使用相同或相近似的商标。我国现行的商标注册制度具体采用以下原则。

一、自愿注册原则

自愿注册原则是指商标使用人根据需要，自愿决定商标是否申请注册，法律不作强制性要求。换而言之，注册的商标受《商标法》保护，未经注册的商标不受《商标法》保护，且未经注册的商标不得与他人注册的商标冲突。因此，是否注册商标完全看自己的意愿决定，但对于某些商品的特殊性，《商标法》规定必须进行注册以后才能在市场销售，未经核准注册的，不得在市场销售。比如卷烟、雪茄以及带有包装的烟丝等制品、人用药品、食品添加剂、婴儿配方食品、医疗器械、化妆品等，但无包装的烟叶、兽用药品、农药、中草药的原料药等不属此列。

二、先申请原则

《商标法》第 31 条规定，两个或者两个以上的商标注册申请人，在同一种商品或者类似商品上，以相同或者近似的商标申请注册的，初步审定并公告申请在先的商标；同一天申请的，初步审定并公告使用在先的商标，驳回其他人的申请，不予公告。《商标法》判断申请先后是采用申请日作为基本时间单位。换而言之，只要是申请人在同一天提出申请的，其申请将被视为同日申请。当出现同日申请时，商标局将通知诸位注册申请人，要求他们从接到通知起 30 日内分别提交其申请注册前在先使用该商标及其在先使用日的证明。最先使用者的申请将被核准注册。如果诸位注册申请人是同日使用或者均未使用的，则由商标局主持抽签仪式决定核准何人的商标注册申请。

三、优先权原则

在我国，优先权原则主要分两种：

（1）商标注册申请人自其商标在外国第一次提出商标注册申请之日起 6 个月内，又在中国就相同商品以同一商标提出商标注册申请的，依照该国同中国签订的协议或者共同参加的国际条约，或者按照相互承认优先权的原则，可以享有优先权。依照前款要求优先权的，应当在提出商标注册申请的时候提出书面声明，并且在 3 个月内提交第一次提出的商标注册申请文件的副本；未提出书面声明或者逾期未提交商标注册申请文件副本的，视为未要求优先权。

（2）商标在中国政府主办的或者承认的国际展览会展出的商品上首次使用的，自该商品展出之日起 6 个月内，该商标的注册申请人可以享有优先权。依照前款要求优先权的，应当在提出商标注册申请的时候提出书面声明，并且在 3 个月内提交展出其商品的展览会名称、在展出商品上使用该商标的证据、展出日期等证明文件；未提出书面声明或者逾期未提交证明文件的，视为未要求优先权。

四、诚实信用原则

诚实信用原则是作为当事人行动的道德准则，是有关商标注册和使用具体条款的基础，具有弥补具体条款漏洞的功能。《商标法》第 7 条规定：申请注册和使用商标，应当遵循诚实信用原则；商标使用人应当对其使用商标的商品质量负责。各级工商行政管理部门应当通过商标管理，制止欺骗消费者的行为。第 19 条规定，商标代理机构应当遵循诚实信用原则，遵守法律、行政法规，按照被代理人的委托办理商标注册申请或者其他商标事宜；对在代理过程中知悉的被代理人的商业秘密，负有保密义务。

第二节　商标注册申请前的查询

　　商标的显著特征是具有识别性，便于消费者将同种或类似商品的生产者或服务的提供者区别开来，促销导购。所以商标注册申请前要进行检索和比较，以判断和提高商标注册的成功率。

一、商标查询网站

　　最为权威的商标检索网站是国家知识产权局商标局网站，网址 https：//sbj. cnipa. gov. cn/sbj。进入商标局官网首页，点击"商标查询"便进入商标检索页面。该页面有"商标近似查询""商标综合查询""商标状态查询""商标公告查询""错误信息反馈""商品/服务项目"6 个版块，见图 4 - 3 - 1。

本查询按图形、文字等商标组成要素分别提供近似检索功能，用户可以自行检索在相同或类似商品上是否已有相同或近似的商标。

商标近似查询

用户可以按商标号、商标、申请人名称等方式，查询某一商标的有关信息。

商标综合查询

用户可以通过商标申请号或注册号查询有关商标在业务流程中的状态。

商标状态查询

提供商标公告查询

商标公告查询

用户可以向商标局反馈有关错误信息。

错误信息反馈

提供商品及服务项目的查询

商品/服务项目

图 4 - 3 - 1　商标检索页面

二、商标查询步骤

本节以查询产品商标是否已注册为例进行操作介绍。

（1）点击"商标综合查询"进入的页面如图 4 - 3 - 2 所示，有"国际分类""申请/注册号""商标名称""申请人名称（中文）""申请人名称（英文）"。查询商标是否已注册，重点关注"国际分类"和"商标名称"即可。商标分类有 45 个类别，其中商品不同的类别代表着不同的商品及服务，因此查询商标是否已注册前先要确定商标类别。

图 4 - 3 - 2　商标综合查询页面

（2）输入商标国际分类和商标名称，填写完毕后，点击查询即可。如果不知道检索商标的具体类别，可以点击"国际分类"后面的搜索图标进行查看。

（3）点击查询，便可以看到所有商标查询结果。

三、商标查询技巧

（1）商标查询前要先确认自己产品所在分类，因为有些产品或服务会存在于多个分类中。

（2）商标查询时要对商标名称与分类分别进行商标查询操作，要注册的每个分类都要查询。

（3）商标名称如果是多类型组合，需要拆分开后进行商标查询。

（4）中文商标最好将名称文字打乱顺序后再查一下。

（5）英文商标对应的中文也要查询。

四、商标注册成功率判断

（一）查询是否有相同的商标

查询了解在相同的产品、服务或者行业上是否有相同的商标被注册。

（二）分析是否有近似的商标

查询了解在相同的产品、服务或者行业上是否有近似的商标被注册，分析依据可以参考《商标法》和《商标审查审理标准》。

（三）判断商标是否合理、合法

根据《商标法》所规定的禁用条款进行分析，结合《商标审查审理标准》判断商标的合理性、合法性。

（四）有效提高注册成功率

相较于专利、作品等智力成果，商标的构成较为简单，很容易出现"撞车"现象。通过商标的查询和分析可以有效规避风险，提高注册成功率。

第三节 商标的注册

申请商标注册，需具备一定条件才能获准，取得商标权。根据《商标法》规定，商标注册的申请人和申请注册的商标应具备以下条件。

一、商标注册的申请程序

（一）商标注册申请人

关于商标注册申请人，《商标法》第 4 条规定：自然人、法人或者其他组织在生产经营活动中，对其商品或者服务需要取得商标专用权的，应当向商标局申请商标注册。不以使用为目的的恶意商标注册申请，应当予以驳回。《商标法》第 5 条规定：两个以上的自然人、法人或者其他组织可以共同向商标局申请注册同一商标，共同享有和行使该商标专用权。

1. 国内申请人

申请人为法人或其他组织的，应当使用标注统一社会信用代码的身份证明文件，如营业执照、法人登记证、事业单位法人证书、社会团体法人证书、律师事务所执业证书等有效证件的复印件。期刊证、办学许可证、卫生许可证等不能作为申请人身份证明文件。

申请人为我国香港特别行政区、澳门特别行政区和台湾地区法人或其他组织的，应当提交相应的登记证件复印件。

申请人为内地（大陆）自然人的，应当提交身份证、户籍证明等有效身份证件的复印件。内地（大陆）自然人在办理商标注册、转让等申请事宜时，还应当提供载有统一社会信用代码的个体工商户营业执照、农村土地承包经营合同复印件（申报类别以自营的农副产品为限）等表明申请人从事生产经营活动的主体资格证明文件。

申请人为我国香港特别行政区、澳门特别行政区和台湾地区自然人且自行办理的，应当提交身份证明文件复印件，如《港澳居民来往内地通行证》《台湾居民来往大陆通行证》或《港澳台居民居住证》。

2. 外国申请人

申请人为法人或者其他组织的，应当提交主体资格证明文件；申请人为自然人的，应当提交身份证明文件。

（二）商标注册申请途径

国内申请人申请商标注册或者办理其他商标事宜，应当使用商标注册部门制定并公布的书式，不得修改格式。可以自行办理，也可以委托商标代理机构办理。

1. 自行办理

可以通过网上服务系统在线提交商标注册申请，即电子申请，也可以纸质申请。通过电子申请途径的，首先要注册成为"商标网上服务系统用户"，然后才能从网上服务系统在线提交商标注册申请。目前，通过网上服务系统办理商标注册及其他相关业务已成为主流，具体操作详见"中国商标网 > 网上申请"栏目，商标网上服务系统网址：https：//sbj. cnipa. gov. cn/sbj/sbsq/；也可以到国家知识产权局商标局注册大厅、商标局驻中关村国家自主创新示范区办事处、商标局在京外设立的商标审查协作中心，或者商标局委托地方市场监管部门或知识产权部门设立的商标业务受理窗口办理。以纸质方式提出申请的，申请书应当打印或者印刷；以数据电文方式提出申请的，应当按照规定通过互联网提交，按要求在线如实填写。

2. 委托商标代理机构办理

外国人或者外国企业在中国申请商标注册和办理其他商标事宜的，应当委托依法设立的商标代理机构办理，但在中国有经常居所或者营业所的外国人或外国企业除外，可以自行办理。

（三）商标注册申请必备文件

1. 国内自然人自行办理

按照规定填写打印的《商标注册申请书》并由申请人签字、商标图样、个体工商户营业执照复印件、身份证明文件复印件。

农村承包经营户可以以其承包合同签约人的名义提出商标注册申请，商品和服务范围以其自营的农副产品为限，申请时应提交承包合同复印件。

符合上述条件的国内自然人，在办理商标网上申请系统用户注册后，可以自行通过商标网上申请系统提交申请。具体流程请查看"中国商标网 > 网上申请"栏目。

同一申请人同时办理多件商标的注册申请事宜时，只需要提供一份身份证复印件、个体工商户营业执照复印件或承包合同复印件。

2. 国内法人或者其他组织自行办理

按照规定填写打印的《商标注册申请书》并加盖申请人公章、商标图样、标注统一社会信用代码的身份证明文件复印件。企业一般应提交营业执照，非企业可以提交《事业单位法人证书》《社会团体法人登记证书》《民办非企业单位登记证书》《基金会法人登记证书》《律师事务所执业许可证》等身份证明文件。

注意：期刊证、办学许可证、卫生许可证等不能作为申请人身份证明文件。

同一申请人同时办理多件商标的注册申请事宜时，只需要提供一份身份证明文件（如营业执照副本）复印件。

3. 委托商标代理机构办理

附加《商标注册委托书》，其他同上。但在中国有经常居所或者营业所的外国人或外国企业除外，可以自行办理。

4.《商标注册申请书》

《商标注册申请书》示例（图4－3－3），可以从"中国商标网＞网上申请"栏目下载。

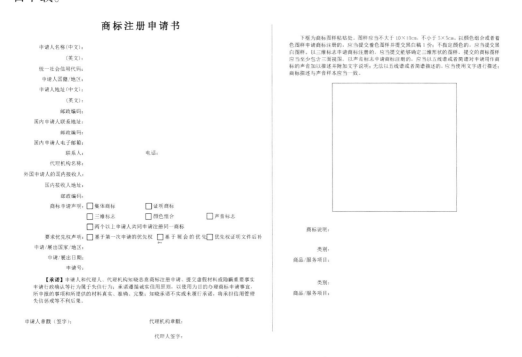

图4－3－3　《商标注册申请书》示例

5. 商标图样要求

在申请书的指定位置打印或粘贴商标图样1张。商标图样应当清晰，长和宽应当不大于10厘米，不小于5厘米。具体要求详见"中国商标网＞商标申请"栏目。

以颜色组合或者着色图样申请商标注册的，应当提交着色图样，并提交黑白稿1份；不指定颜色的，应当提交黑白图样。对于颜色组合商标和指定颜色的商标所需提供的黑白稿，应另行制版，制作一张清晰的黑白图样，不能简单地复印原图样。该黑白稿在注册申请时可不提交，如审查后续需要时，商标局将通知申请人另行补充提交。

以三维标志申请商标注册的，提交能够确定三维形状的图样，提交的商标图样应当至少包含三面视图。

以声音标志申请商标注册的，应当以五线谱或者简谱对申请用作商标的声音加以描述并附加文字说明；无法以五线谱或者简谱描述的，应当以文字加以描述；商标描述与声音样本应当一致。

纸件申请商标的，一件商标提交商标图样 6 份，黑白墨稿 1 份，其中申请书背面贴 1 张，交 5 张，要求图样清晰，规格为长和宽介于 5～10 厘米。若指定颜色，则需贴着色图样 1 张，并提供着色图样 5 张，黑白图样 1 张。

6. 申请日及缴费要求

注册商标申请日以商标局收到申请文件的日期为准，商标申请当事人及代理机构应自收到商标局缴费通知书单之日起 15 日内，向商标局缴纳费用。相关费用明细见表 4-3-1。

表 4-3-1　商标申请相关费用明细

序号	收费项目	纸质申请收费标准（按类别）	接受电子发文的网上申请收费标准（按类别）
1	受理商标注册费	300 元（限定本类 10 个商品；10 个以上商品，每超过 1 个商品，每个商品加收 30 元）	270 元（限定本类 10 个商品；10 个以上商品，每超过 1 个商品，每个商品加收 27 元）
2	补发商标注册证费	500 元	450 元
3	受理转让注册商标费	500 元	450 元
4	受理商标续展注册费	500 元	450 元
5	受理续展注册迟延费	250 元	225 元
6	受理商标评审费	750 元	675 元（部分待开通）
7	变更费	150 元	0 元
8	出据商标证明费	50 元	45 元
9	受理集体商标注册费	1500 元	1350 元
10	受理证明商标注册费	1500 元	1350 元
11	商标异议费	500 元	450 元
12	撤销商标费	500 元	450 元
13	商标使用许可合同备案费	150 元	135 元

二、商标注册条件

（一）具有显著特征

《商标法》规定：申请注册的商标，应当有显著特征，便于识别。显著特征指的是商标的可识别性和独特性，要求商标的构成要素立意新颖，独具一格。商标的显著性一般分为两种情况：一种情况是用作商标的标记本身就是显著的，因而商标具有固有的显著性；另一种情况是用作商标的标记本身并不显著，但通过使用而获得了显著性。

（二）不与他人在先权发生冲突

《商标法》第 9 条规定，申请注册的商标不得与他人在先取得的合法权利相冲突。在先权指的是他人在先已经合法取得的权利，包括外观设计权、版权、商号权、姓名权、肖像权等。

（三）不与已注册的商标混同

《商标法》第 13 条规定，就相同或者类似商品申请注册的商标是复制、摹仿或者翻译他人未在中国注册的驰名商标，容易导致混淆的，不予注册并禁止使用；就不相同或者不相类似商品申请注册的商标是复制、摹仿或者翻译他人已经在中国注册的驰名商标，误导公众，致使该驰名商标注册人的利益可能受到损害的，不予注册并禁止使用。

在实际应用中，判断两个商标是否相同或近似，关键在于其是否应用于同一种商品或者类似商品上。如果不是用于同一种商品或者类似商品上的两个相同或近似的商标，就不影响申请注册，但驰名商标除外。

（四）不得作为商标使用的标志

不得作为商标使用的标志如下：

（1）同中华人民共和国的国家名称、国旗、国徽、国歌、军旗、军徽、军歌、勋章等相同或者近似的，以及同中央国家机关的名称、标志、所在地特定地点的名称或者标志性建筑物的名称、图形相同的；

（2）同外国的国家名称、国旗、国徽、军旗等相同或者近似的，但经该国政府同意的除外；

（3）同政府间国际组织的名称、旗帜、徽记等相同或者近似的，但经该组织同意或者不易误导公众的除外；

（4）与表明实施控制、予以保证的官方标志、检验印记相同或者近似的，但经授权的除外；

（5）同"红十字""红新月"的名称、标志相同或者近似的；

（6）带有民族歧视性的；

（7）夸大宣传带有欺骗性，容易使公众对商品的质量等特点或者产地产生误认的；

（8）有害于社会主义道德风尚或者有其他不良影响的；

（9）县级以上行政区划的地名或者公众知晓的外国地名，不得作为商标。

但是，地名具有其他含义或者作为集体商标、证明商标组成部分的除外。如重庆市下辖的长寿县。此外，由于商标法在 1988 年前并不禁止县级及以上地名作为商标注册，从而造成了既定事实，所以已经注册的使用地名的商标继续有效。如重庆的涪陵榨菜使用"涪陵"地名，浙江的金华火腿使用"金华"地名等。

（五）不得作为商标注册的标志

不得作为商标注册的标志有如下几种：

（1）仅有本商品的通用名称、图形、型号的；

（2）仅直接表示商品的质量、主要原料、功能、用途、重量、数量及其他特点的；

（3）过于简单或者因其他原因不具有显著特征的。

（4）以三维标志申请注册商标的，仅由商品自身的性质产生的形状、为获得技术效果而需具有的商品形状或者使商品具有实质性价值的形状，不得注册。

三、商标注册的审核流程

在我国，商标取得权的必要程序是商标注册。目前，我国采用的规则是一份申请只能就一个类别的商品或服务提出一个商标注册申请，在跨类申请时，就不同的类别可分别提出申请。依据尼斯分类制定的《类似商品和服务区分表》，商品 34 类，服务 11 类，共计 45 类。其中 11 类服务主要涉及商业或者工业企业的业务管理、运营、组织和行政管理的服务，以及广告、市场营销和促销服务，其主要特点在于相关服务是为他人提供的，而非为权利人自身业务需求从事的有关行为。商品销售不视为服务。具体内容详见"中国商标网 > 商标申请"栏目。

商标注册程序一般分为三个阶段：申请、审查、核准公告，审核过程中可能会出现异议、复审和无效宣告程序，详见图 4 - 3 - 4。

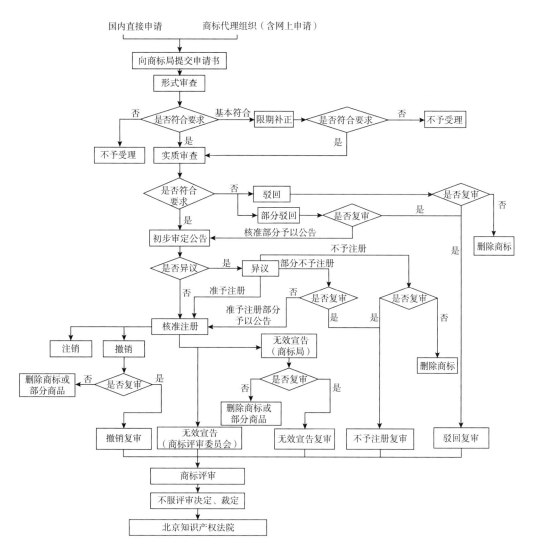

图 4-3-4　商标注册程序图

(一) 形式审查

形式审查，又称书面审查，是对商标注册申请的文件、手续是否符合法律规定进行的审查。如申请人资格、委托书是否符合要求，申请商标是否符合分类申请原则，图样是否符合要求，所有申请文件是否以中文准备，证明文件是否完备，申请注册费是否缴纳等。

审查结果：

① 申请文件符合《商标法》规定的，予以受理，发给《受理通知书》；

② 申请文件不齐备或未按规定填写的，退回申请书，申请日期不予以保留；

③ 申请文件基本齐备，需补正的，通知其在 15 日内补正，补正后符合规定的，予以受理，保留申请日；

④ 未在规定期限内补正或超过期限补正的，予以退回，申请日期不予以保留。

（二）实质审查

实质审查指对申请商标是否具备实质性要件的审查，也是商标注册申请能否被批准的关键环节。对受理的商标注册申请，商标局根据《商标法》及其实施条例的有关规定进行审查：

① 商标标志是否符合法定的构成要素，且具有显著性特征，便于识别。

② 商标标志是否违背《商标法》的禁用条款。

③ 申请的商标是否与他人在同一种商品或类似商品上已注册或初步审定的商标相同或近似。

④ 申请注册的商标是否与商标局撤销、注销不满 1 年的注册商标相同或者近似。

审查决定：

① 对符合规定或者在部分指定商品上使用商标的注册申请符合规定的，予以初步审定公告。

② 对不符合规定或者在部分指定商品上使用商标的注册申请不符合规定的，予以驳回或者驳回在部分指定商品上使用商标的注册申请，书面通知申请人并说明理由。

③ 对商标注册申请内容需要说明或者修正的，可以要求申请人自收到商标局通知之日起 15 日内作出说明或者修正。申请人未做出说明或者修正的，不影响商标局作出审查决定。

（三）核准注册公告

通过初步审定公告的商标还不是注册商标。根据《商标法》第 33 条规定，对初步审定公告的商标，自公告之日起 3 个月内，在先权利人、利害关系人认为违反本法相关规定的，可以向商标局提出异议。公告期满无异议的，予以核准注册，发给商标注册证，并予公告。此时申请注册的商标成为注册商标，注册商标的标记符号是"®"。

现实中经常见到"TM"标记，它是英文"Trade Mark"的首写，不一定是注册商标。

第四节　商标权的期限、续展与终止

一、商标权的期限

商标权的期限是指注册商标所有人享有的商标专用权受法律保护的有效期限。各国商标法几乎都对商标专用权的有效期都作出了规定，但是规定的方式和期限长短不同，《商标法》第 39 条规定，注册商标的有效期为 10 年，自核准注册之日起计算。

二、商标权的续展

续展是延长注册商标有效期限的法律程序。《商标法》第 40 条规定，注册商标有效期满，需要继续使用的，商标注册人应当在期满前 12 个月内按照规定办理续展手续；在此期间未能办理的，可以给予 6 个月的宽展期。期满未办理续展手续的，该注册商标的法律效力在有效期限届满时自动终止，商标局依法注销其注册商标。商标注册人在规定的期限内提出续展申请并缴纳费用的，续展注册经核准后，予以公告。每次续展注册的有效期为 10 年，自该商标上一届有效期满次日起计算。

商标权的续展制度有利于商标所有人根据自己的经营情况来进行选择，或者延长注册商标有效期，或者通过不续展的方式放弃一些商标权。注册商标所有人可以在注册商标有效期届满前后的一段时间里通过申请续展，使商标权成为一种相对的永久权。

申请注册商标续展的条件和时间应当按照《商标法》及其实施条例的规定办理。具体如下：

（1）续展注册申请人必须是注册商标所有人，可以是原注册商标所有人，或者是继承人或受让人；

（2）提出的时间必须是在其注册商标有效期满前 12 个月或者期满后 6 个月的宽展期内；

（3）应向商标局交送《商标续展注册申请书》、商标图样，并交回原商标注册证；

（4）缴纳申请费和注册费。

商标局在收到续展注册申请后，经过审查，认为不符合法律规定的，以《驳回通知书》的形式告知申请人，并退还续展注册费。驳回的理由主要有以下几点：

（1）注册商标的续展申请过了宽展期；

（2）自行改变了注册商标的文字、图形或其组合；

（3）自行扩大了注册商标核定使用的商品范围；

（4）其他违反《商标法》规定的行为。

对驳回续展注册申请不服的，申请人可以在收到通知之日起 15 天内，向商标评审委员会申请复审。

三、商标权的终止

商标权的终止是指注册商标所有人因法定事由的发生丧失其享有的商标专用权。商标权的终止主要分为因注销而终止、因撤销而终止和因无效宣告而终止。

（一）因注销而终止

注销是指商标权人自愿放弃其注册商标的注册，商标局根据注销程序予以确认，进行公告后终止其注册商标，使商标专用权归于消灭。注销具体包括以下 3 种情况。

1. 自愿注销

商标注册人申请注销其注册商标或者注销其商标在部分指定商品上的注册的，应当向商标局提交商标注销申请书，并交回原商标注册证。商标注册人申请注销其注册商标或者注销其商标在部分指定商品上的注册，经商标局核准注销的，该注册商标专用权或者该注册商标专用权在该部分指定商品上的效力自商标局收到其注销申请之日起终止。

2. 过期注销

注册商标有效期届满，且已过宽展期，商标所有人未进行注册商标续展申请或续展申请被依法驳回的，商标局注销其注册商标，并予以公告。

3. 其他原因

商标注册人死亡或者终止，自死亡或者终止之日起 1 年期满，该注册商标没有办理移转手续的，任何人可以向商标局申请注销该注册商标。提出注销申请的，应当提交有关该商标注册人死亡或者终止的证据。

（二）因撤销而终止

撤销是指因商标注册人违反《商标法》使用和管理的规定，被商标局强制废除注册商标的注册。被撤销的注册商标由商标局予以公告，自撤销决定作出之日起商标权终止，归于消灭。撤销注册商标的程序启动，可由商标局依职能主动行使，也可由权利人向商标局提出申请而启动。

《商标法》第49条规定，商标注册人有下列行为之一的，由商标局责令限期改正或者撤销其注册商标：

（1）商标注册人在使用注册商标的过程中，自行改变注册商标、注册人名义、地址或者其他注册事项的，由地方工商行政管理部门责令限期改正；期满不改正的，由商标局撤销其注册商标。

（2）注册商标成为其核定使用的商品的通用名称或者没有正当理由连续3年不使用的，任何单位或者个人可以向商标局申请撤销该注册商标。商标局应当自收到申请之日起9个月内作出决定。有特殊情况需要延长的，经国务院工商行政管理部门批准，可以延长3个月。

注册商标被撤销的，原商标注册证作废，并予以公告。

（三）因无效宣告而终止

无效宣告，是指由于注册商标注册时不具备法定的条件或侵犯了他人的在先权利，由商标局宣告注册商标自始无效的法律程序。无效注册商标的程序启动，可由商标局依职能主动行使，也可由权利人向商标局提出申请而启动。具体无效缘由如下：

（1）基于不具备商标注册条件的无效。具体是指具备《商标法》第10条、第11条、第12条所规定的情况，如使用了与我国国家名称、国旗、国徽相同或近似的标志、缺乏显著性特征以及商品的通用名称等情况；

（2）基于侵犯他人在先权利的无效。在先权利包括：在先注册商标权、驰名商标的排他权、在先使用权（如恶意抢注）、在先的其他权利（如肖像权、著作权）等。

注册商标被撤销、被宣告无效或者期满不再续展的，自撤销、宣告无效或者注销之日起1年内，商标局对与该商标相同或者近似的商标注册申请，不予核准。

思考与延伸

1. 甲厂自 2010 年起在其生产的卫生洁具上使用"白云"商标，并于 2015 年 8 月向商标局提出该商标的注册申请。乙厂早在 2015 年 6 月向商标局申请为其卫生洁具产品注册"白云"商标。该"白云"商标应归属（　　　）。

A. 甲　　　　　　　　　　　B. 乙

C. 甲和乙　　　　　　　　　D. 甲乙协商确定的一方

2. 某地工商局在审查某皮革制品厂拟使用在其生产的皮制品上的商标时，发现其中有不符合法律规定的商标。该商标是（　　　）。

A. "千里"牌商标　　　　　　B. "七匹狼"牌商标

C. "羊皮"牌商标　　　　　　D. "耐斯"牌商标

3. 甲公司新近注册了一件商标，乙认为该商标违反了《商标法》规定的商标禁用条款，可以请求有关机关撤销甲公司的该注册商标。这个机构是（　　　）。

A. 商标局　　　　　　　　　B. 商标评审委员会

C. 地方工商管理部门　　　　D. 人民法院

4. 下列商品中必须使用注册商标的有（　　　）。

A. 爽肤水　　　B. 蓝牙耳机　　　C. 雪茄烟　　　　D. 巧克力

5. 根据《商标法》的规定，不可能获批注册商标的申请有（　　　）。

A. "红新月"牌眼药水　　　　B. "益寿延年"牌香烟

C. "成都"牌洗衣机　　　　　D. "美好"牌洗衣液

6. 简述导致商标权终止的事由有哪些。

7. 假设你是拥有《个体工商户营业执照》的快递经营者，请为自己设计一套纸质的商标注册申请资料。

8. 检索并判断：有无"自然"文字商标，"自然"作为文字商标能否在冷饮领域注册？

第四章　商标使用及法律保护

 教学要点

　　具体包括：商标的正确使用方式，商标权的转让，商标权的使用许可，商标权的质押，商标的侵权行为认定，商标侵权的法律责任以及驰名商标的认定与保护。通过本章学习，深入了解商标的正确使用方式及注意事项，熟悉商标权的转让、许可、质押含义及实务，正确对待驰名商标。

案例

ipad——最意外的商标投资

　　2001年，深圳唯冠正在生产一种互联网个人接入设备，当时深圳唯冠是全球四大知名显示器生产巨头之一，为了在全球更大范围销售产品，深圳唯冠还在除中国以外的许多国家和地区注册了ipad商标。然而，由于种种原因，深圳唯冠生产的设备销售并不尽如人意，因此在一段时间后慢慢停止了生产，ipad商标也就搁置一旁，后因经营不善而破产。八年后，美国苹果公司生产了一款"ipad"平板电脑，热销全球。但在中国等地区销售时，商标侵权纠纷也接踵而来，深圳唯冠与苹果公司开始了长达几年的商标纠纷案。2012年7月2日，苹果公司与深圳唯冠就iPad商标案达成和解，苹果公司向深圳唯冠公司支付6000万美元。深圳唯冠靠着ipad商标权迎来了"柳暗花明又一村"，这样的投资不仅意外，而且昂贵。

　　思考 利用商标权获得收益的方式有哪些？如何正确使用商标权？

第一节　商标的正确使用方式

《商标法》的目的是加强商标管理，保护商标专用权，促使生产、经营者保证商品和服务质量，维护商标信誉，以保障消费者和生产、经营者的利益，促进社会主义市场经济的发展。商标并不是注册了就万事大吉，可以随意使用，还要注意正确的使用方式，并加强对商标使用的管理。

一、商标的使用

商标的使用，是指将商标用于商品、商品包装或者容器以及商品交易文书上，或者将商标用于广告宣传、展览以及其他商业活动中，用于识别商品来源的行为。上述规定的目的，是督促商标权人对其注册商标在核定使用的商品或服务上真实、合法、规范、公开、有效地进行使用，从而发挥商标的实际效用，能够使相关公众基于注册商标区分提供商品或服务的不同主体，防止浪费商标资源，随意侵占公共资源。"商标的使用"具体判定方式主要有以下两种。

（一）商标维权方面的商标使用

法律上对他人未经商标注册人的许可，在同一种或者类似商品上使用与商标注册人注册商标相同或近似的商标，容易导致混淆的使用行为明确为构成对商标专用权的侵犯。只有被控侵权行为是法律意义上的商标使用行为时，才构成侵犯商标权的行为。从维权角度，商标的使用具体包含三个方面：

（1）使用行为能够表明商品或服务的来源；

（2）使用方式能够使消费者对商品或服务的提供者做出区分；

（3）商标必须是商业性的实际使用。

符合上述使用的行为才属于商标性的使用，判断侵权行为必须是基于上述法律意义上的商标使用。

（二）商标维持注册的商标使用

为了确保商标通过使用发挥其识别商品或服务的功能，《商标法》规定，注册商标没有正当理由连续 3 年不使用的，任何单位或者个人可以向商标局申请撤销该注册商标。此处维持商标注册"使用"应是商业性的使用，是公开的、真实的、合法的和具有一定商业规模的使用，以便使消费者能够据此区分提供商品和服务的不同市场主体。仅仅在企业内部使用商标，或者为了应付使用的义务而进行的象征性使用都不能满足法律的要求。商标局对于"撤销连续 3 年停止使用注册商标"的实质审查也有明确规定：在《商标公告》、法律文书、注册信息发布等使用商标，不视为商业活动中的使用；商标的变更、转让和续展注册以及其他不具有商业意义上的使用，也不视为实际意义上的商标使用。

二、商标的使用方式

商标的使用方式有很多，如在商品或其外包装上使用，在商业文件、发票、说明书上使用，在商品的广告宣传上、展览会上或其他业务活动中使用等。在商标权的利用过程中，许可他人使用注册商标的行为也是商标使用的方式之一。因此，注册商标的使用应具有公开性，即必须在市场上使用，为消费者所知晓，而不是仅在企业内部使用。

商标不规范使用情形主要有：

（1）冒充注册商标的使用行为；

（2）在类似商品或服务项目上使用与注册商标或近似的文字、图形、颜色或其组合的行为；

（3）在非类似商品或服务上使用具有较高知名度的注册商标的行为；

（4）将他人注册商标作为商品名称的一部分使用的行为；

（5）违反有关法律规定，在强制注册的商品上使用未注册商标的行为；

（6）将他人注册商标作为商号申请企业名称注册以及突出使用该商号的行为。

第二节　商标权的转让

商标权的转让是商标权的一项重要内容，是商标所有人行使处分权利的具体体现。

一、商标权转让的概念

商标权的转让指的是商标权人根据法定程序，将其所有的注册商标转让给他人的行为。商标权转让以后，受让人享受商标权，原商标权人不再享受商标所有权。根据《商标法》第 42 条规定：转让注册商标的，转让人和受让人应当签订转让协议，并共同向商标局提出申请。受让人应当保证使用该注册商标的商品质量。转让注册商标的，商标注册人对其在同一种商品上注册的近似的商标，或者在类似商品上注册的相同或者近似的商标，应当一并转让。对容易导致混淆或者有其他不良影响的转让，商标局不予核准，书面通知申请人并说明理由。转让注册商标经核准后，予以公告。受让人自公告之日起享有商标专用权。

二、商标权转让的步骤

（一）签订注册商标转让协议

注册商标转让时，应由商标权人和受让人就转让事项达成协议，签订注册商标转让协议。同时，双方应当共同向商标局交送"转让注册商标申请书"一份，附送原"注册商标证"，并缴纳申请费和注册费。如果转让是用于人用药品、烟草制品等国家规定必须使用注册商标的商品上的商标，受让人还应当提供卫生行政部门、烟草主管等部门颁发的相关证明文件；受让人还必须具备商标法规定的主体资格。实践中，具体的申请手续由受让人办理。

（二）商标局对转让注册商标的申请进行审查

商标局审查的内容有：申请手续是否完备，转让的商标与使用的商品是否和原核准注册的商标以及核定的商品一致，双方使用的商品质量是否一致，是否缴纳了相关费用等。审查后，商标局认为符合商标法规定的，予以核准，发给受让人相应证明，并予以公告，受让人自公告之日起享有商标专用权；对不符合规定的予以驳回。

（三）申请人对商标局驳回其注册商标转让申请要求复审

申请人对商标局驳回其注册商标转让申请不服的，可在收到驳回通知之日起 15

日内，向商标评审委员会交送一份《驳回转让复审申请书》申请复审，同时附送原《转让注册商标申请书》，由商标评审委员会作出裁定。

三、商标权转让的限制

为了保护消费者权益，防止市场上商标权转让混乱，《商标法》对商标权的转让作了如下限制。

（一）在同一种或类似商品上注册的相同或近似的商标不得分开转让

在实践中，如果对同一种或类似商品上注册的相同或近似的商标分开转让，就会形成两个以上的主体在相同或类似商品上使用同一商标的情况，从而导致消费者误认，造成市场上商品来源的混淆。所以，《商标法实施条例》规定，转让注册商标，商标注册人对其在同一种或类似商品上注册的相同或近似的商标，应当一并转让。

（二）已经许可他人使用的注册商标不得随意转让

转让已许可给他人使用的注册商标，会影响甚至损害到被许可人的利益。在商标所有人行使转让权时，必须征得被许可人同意，如果被许可人不同意，可以协商先行解除使用许可合同，再办理注册商标转让申请手续。受让人在取得被转让的注册商标后，也可以与原被许可人签订注册商标的使用许可合同。

（三）集体商标不得转让

集体商标，是指以团体、协会或者其他组织的名义注册，供该组织成员在商事活动中使用，以表明使用者在该组织中的成员资格的标志。由于集体商标是一种特殊的商标，其商标权是由几个所有人共有，具有不可分割性，如果转让，会影响到使用该商标的其他集体成员的利益，因此，《商标法》规定，禁止集体商标转让。

（四）受让人必须保证使用该注册商标的商品或者服务的质量

由于注册商标具有标志商品或者服务质量的功能，对消费者的消费行为具有重要的指导作用，因此，注册商标的受让人应当和转让人一样，重视并保证该注册商标或者服务的质量，这也是《商标法》规定的受让人应承担的义务之一。

（五）商标权转让前商标使用许可合同的效力问题

在实践中，商标权经转让后，可能会出现新的商标权人不承认原商标注册人曾与他人订立的商标使用许可合同的问题，为此，最高人民法院《关于审理商标民事纠纷案件适用法律若干问题的解释》（以下简称《若干解释》）第 20 条指出：注册商标的转让不影响转让前已经生效的商标使用许可合同的效力，但商标使用许可合同另有约定的除外。

第三节　商标权的使用许可

许可他人使用注册商标是商标权人的一项重要权利，也是国际通用的一项法律制度。同时，商标权的使用许可，也是现代商标法的重要内容之一。

一、商标权使用许可的含义

商标权使用许可，是指商标注册人将其注册商标许可他人使用的行为。注册商标的使用许可与注册商标的转让不同，转让导致注册商标的所有权主体发生变更，所有权主体由转让人变成受让人，而许可使用的许可人并不丧失商标所有权，被许可人只是取得了使用权。

二、商标权使用许可的形式和种类

（一）商标权使用许可的形式

《商标法》第 43 条规定：商标注册人可以通过签订商标使用许可合同，许可他人使用其注册商标。许可人应当监督被许可人使用其注册商标的商品质量。被许可人应当保证使用该注册商标的商品质量。经许可使用他人注册商标的，必须在使用该注册商标的商品上标明被许可人的名称和商品产地。许可他人使用其注册商标的，许可人应当将其商标使用许可报商标局备案，由商标局公告。商标使用许可未经备案不得对抗善意第三人。

（二）商标权使用许可的种类

根据被许可人享有的使用权的排他程度，商标权的使用许可可以分为独占使用许可、排他使用许可和普通使用许可。

独占使用许可，是指商标注册人仅许可一个被许可人在约定的时间和地域范围内使用其注册商标，同时商标注册人承诺自己及其他人均不得使用该注册商标。

排他使用许可，是指商标注册人在约定的时间和地域范围内，仅许可一个被许可人以约定的方式使用其注册商标，商标注册人自己可以在该地域使用该注册商标，但是不得另行许可任何第三人在该地域使用该注册商标。

普通使用许可，是指商标注册人允许多个被许可人在约定的时间、地域范围内以约定的方式使用其注册商标，同时商标注册人自己可以使用该注册商标。普通使用许可中，各个被许可人之间的注册商标使用权并不具有排他性。

三、商标权许可双方的权利和义务

（一）保证商品质量

商标上附着的商誉才是商标的价值。商誉的形成是商标所有人经过长期的资金投入和经营管理，并基于市场消费者的认可的结果。许可他人使用商标意味着把商标声誉寄附于被许可人的行为及其提供的商品之上，并与消费者的利益密切相关。所以《商标法》第43条规定，商标注册人可以通过签订商标使用许可合同，许可他人使用其注册商标，但应当监督被许可人使用其注册商标的商品质量；被许可人应当保证使用该注册商标的商品质量。可见，在商标使用许可过程中，对商品质量的监督和保证是一项法定义务。

（二）标明名称及产品产地

根据《商标法》第43条第2款规定，经许可使用他人注册商标的，必须在使用该注册商标的商品上标明被许可人的名称和商品产地。这项规定主要是基于对商品质量保证的考虑，一方面维护消费者的权益，使其了解所购商品的真实产地和生产者，保障消费者的知情权；另一方面便于工商行政管理机关对市场上商标使用许可进行监督和管理。对于违反《商标法》此项规定的，《商标法实施条例》还规定工商行政管理机关可以予以处罚，责令限期改正；逾期不改正的，责令停止销售，拒不停止销售的，处 10 万元以下的罚款。

（三）进行备案

根据《商标法》第 43 条第 3 款的规定，许可他人使用其注册商标的，许可人应当将其商标使用许可报商标局备案，由商标局公告。商标使用许可未经备案不得对抗善意第三人。许可备案的作用主要表现为：

（1）便于及时发现并由许可双方纠正许可行为中存在的瑕疵，例如，超出商标有效期限和核准注册范围，则该商标不能被许可使用。

（2）通过公示商标许可的信息，包括许可范围及被许可人信息，从而赋予被许可人对抗第三人的效力，同时也有助于被许可人避免因商标注册人随意处分注册商标或重复许可他人使用而带来的损失。

（3）工商行政管理部门可以方便地监督被许可人的商标使用行为，对侵权假冒行为及时查处，以保护商标注册人、被许可人利益。

第四节　商标权的质押

一、商标权质押的概念

商标权质押指的是商标注册人将自己的商标专用权作为债务履行的担保，当债务人不履行债务时，债权人有权依据法律规定，以该商标权折价或以拍卖、变卖该商标权的价款优先受偿。商标权质押是一种物的担保方式。

二、商标权质押的条件

不是所有的商标权都可以拿来做质押，商标权质押要注意以下问题：

（1）应当以有效的注册商标专用权进行质押。如果注册商标已经被注销或被撤销，商标注册人丧失了商标专用权，该商标权不能予以出质。

（2）没有"限制转让"的情形存在。对于尚在人民法院依法查封期内的商标，人民法院限制该商标转让、许可使用或质押，不能办理质押。

（3）商标注册人在办理质押登记申请时，应当将与质押商标相同或类似商品或服务上注册的相同或近似商标一并办理质押登记，以保证质押商标可以依法转让，便于质权人在债务人不履行债务时，将质押权利及时、顺利地变现。

三、商标权质押的过程

（一）质押合同

商标权质押合同是办理商标权质押登记的前提条件，由出质人和质权人书面签订、提交主合同和注册商标专用权质权合同。

（1）主合同的内容包括：借款双方或者多方名称、借款或者授信期限、金额等，相关合同条款无明显违反法律规定的内容。

（2）质押合同的内容包括：①出质人和质权人的名称（姓名）及地址（住址）；②被担保债权的种类和数额；③债务人履行债务的期限；④出质商标（注册号、商标名称、类别、专用期等，或另附提交加盖双方章戳的质押物清单作为合同附件）；⑤担保的范围；⑥质押财产交付的时间；⑦不能包含禁止流质的规定。

（二）质押登记的申请

质权登记申请应由质权人和出质人共同提出。质权人和出质人可以直接向国家知识产权局申请，也可以委托商标代理机构代理办理。在中国没有经常居所或者营业所的外国人或者外国企业应当委托代理机构办理。由于质押申请需由双方办理，因此委托代理时双方可以各自委托代理机构，也可以委托同一代理机构。但质押登记申请必须由质权人和出质人共同提出、共同办理。

（三）质押登记的受理及审查

申请注册商标专用权质权登记，当事人应提交下列文件：①申请人签字或者盖章的《商标专用权质权登记申请书》；②出质人、质权人的主体资格证明或者自然人身份证明复印件；③主合同和注册商标专用权质权合同；④直接办理的，应当提交授权委托书以及被委托人的身份证明；委托商标代理机构办理的，应当提交商标代理委托书；⑤出质注册商标的注册证复印件；⑥出质商标专用权的价值评估报告。如果质权人和出质人双方已就出质商标专用权的价值达成一致意见并提交了相关书面认可文件，申请人可不再提交；⑦其他需要提供的材料。

商标局收到申请人的注册商标专用权质权登记申请书后，主要围绕提交的上述文件内容进行审查。质权登记申请不符合要求的，商标局应当通知申请人，并允许其在 30 日内补正。逾期不补正或者补正不符合要求的，视为其放弃该质权登记申请，商标局应书面通知申请人。申请登记书件齐备、符合规定的，商标局予以受理。受理日期即为登记日期。商标局自登记之日起 5 个工作日内向双方当事人发放《商标专用权质权登记证》。

第五节　商标的侵权行为认定

注册商标的专用权，以核准注册的商标和核定使用的商品为限。商标侵权行为指的是他人违反商标法的规定，在相同或类似的商品或服务上未经商标权人同意擅自使用与注册商标相同或近似的标识，损害商标权人合法利益的行为。

一、导致混淆侵权

未经商标注册人的许可，在同一种商品上使用与其注册商标近似的商标，或者在类似商品上使用与其注册商标相同或者近似的商标，容易导致混淆的行为。具体有以下四种情况：

（1）未经许可，在同一种商品上使用与他人注册商标相同的商标。

（2）未经许可，在同一种商品上使用与他人注册商标相近似的商标，容易导致混淆的。近似商标的判断标准，应考虑以下两个方面：一是所使用的商品或服务相同或相类似；二是两个商标标识的主体部分相近似。近似商标的判断以普通消费者的一般注意力作为评判的主观标准，采用整体比较与商标显著部分比较相结合的方法，进行综合判断。实务中多以商标的音、形、义三方面考察，即：读音是否相同；外形是否相近，是否导致直观上的误认；意思是否相同。如有一个以上的因素相同，并且易造成混淆，基本可以认定为近似商标。如"开开"与"开升""果珍"与"果真""红牛"与"红午""富贵鸟"与"富贵岛"等。

（3）未经许可，在类似商品或类似服务上使用与他人注册商标相同的商标，容易导致混淆的。这种行为是一种"隐性侵权"，类似商品是指在功能、用途、消费对象、销售渠道等方面相关，或者存在着特定联系的商品；类似服务是指在服务的目的、方式、对象等方面相关，或者存在特定联系的服务。在我国，实践中，要判断商品或服务是否类似，一般以普通消费者对商品或服务的客观认识进行综合判断。《类似商品和服务区分表》可以作为认定类似商品或者服务的参考，但不是唯一的依据。因此，认定是否构成类似商品或服务，除参考相关规定外，同时还要结合商品的构成原料、功能、用途、销售区域等综合认定。

（4）未经许可，在类似商品上使用与他人注册商标相近似的商标，容易导致混淆的。

二、销售侵权

销售侵犯注册商标专用权的商品行为属于流通领域的商标侵权行为。该行为严重侵犯他人商标专用权，混淆商品来源，损害了消费者及商标权人利益。对该侵权行为的判定，一是要有经销假冒注册商标的商品的事实，即销售冒牌货；二是不论行为人有无主观过错；三是不以情节轻重及是否获利为要件。客观上只要实施了销售侵犯商标权商品的行为便构成商标侵权。但是，《商标法》第 64 条第 2 款规定，销售不知道是侵犯注册商标专用权的商品，能证明该商品是自己合法取得并说明提供者的，不承担赔偿责任。

三、商标标识侵权

具体包括伪造、擅自制造他人注册商标标识或者销售伪造、擅自制造他人注册的商标标识。其中：①伪造他人注册商标标识，是指仿造他人的商标图案和物质载体而制造出的商标标识，如商标标牌、商标瓶贴、商标织带等。②伪造、擅自制造他人注册商标标识，是指未经商标权人的同意而制造其注册商标标识，在自己生产的相同或者类似商品上使用。③销售伪造、擅自制造他人注册商标的标识，是指未经商标权人的同意，以其注册商标标识作为买卖的对象。上述行为不仅侵害了商标权人的权益，也为侵犯商标专用权的行为提供了便利条件。

四、反向假冒侵权

反向假冒是指未经商标注册人同意，假冒者将他人带有注册商标的商品买来后，撤换掉原来的注册商标，重新换上假冒者自己的商标，再把商品投向市场的行为。换而言之是在他人的商品上使用自己的商标，借他人的优质商品树立品牌。反向假冒行为违反了诚信和公平竞争，《商标法》第57条第5款对此作了规定，即未经商标注册人同意，擅自将原来的注册商标替换成侵权人自己的注册商标，再将替换商标后的商品再一次投入市场的，属侵犯注册商标专用权行为。

五、间接侵权

间接侵权是指故意为侵犯他人商标专用权行为提供便利条件，帮助他人实施侵犯商标专用权的行为。

换而言之，即使第三人没有直接实施侵犯受《商标法》保护的"专有权利"行为，但只要其引诱、教唆或有意帮助他人进行侵权，其行为将被认为构成"间接侵权"，应当与直接侵权者承担连带责任，从而使权利人能够获得最大程度的救济。根据《商标法实施条例》第75条的规定，为侵犯他人商标专用权提供仓储、运输、邮寄、印制、隐匿、经营场所、网络商品交易平台等，属于《商标法》第57条第2款规定的侵犯注册商标专用权的行为。

六、构成不正当竞争行为

《商标法》第58条规定，将他人注册商标、未注册的驰名商标作为企业名称中的字号使用，误导公众，构成不正当竞争行为的，依照《中华人民共和国反不正当竞争法》处理。商标的登记备案机关是国家商标局，企业名称的登记备案机关是各级工商行政部门，因此不可避免地会出现商标和企业名称、字号相同或近似。如果将他人注册商标或未注册的驰名商标作为自己企业名称中的字号来使用，易使公众误认为该企业就是商标注册人的企业，也是该商标标识产品的生产者，属于不正当竞争行为。

七、其他损害行为

（一）将他人的注册商标作为非商标标识使用

《商标法实施条例》第76条规定，在同一种商品或者类似商品上将与他人注册商标相同或者近似的标志作为商品名称或者商品装潢使用，误导公众的，属于侵犯注册商标专用权的行为。当消费者对某个商标及其标识的商品熟悉后，如果该商标标识被侵权人当作商品装潢使用，则会使消费者误认为该装潢所包装的商品即为自己熟悉的商品；如果将他人注册商标相同的文字当作商品名称使用，久而久之也会使消费者将该商标当作商品名称而加以称呼，而逐渐淡化他人的注册商标。例如，优盘被当作一种电子数据存储器的名称，Jeep 被当作越野小汽车的名称等，都是商标淡化的先例。

（二）将他人注册商标注册为域名

随着电子商务的发展，将注册商标中的文字作为域名注册使用是商标权人常见的经营策略。但将他人的注册商标注册成自己的域名，则很容易造成相关公众误认为该域名网站是注册商标权人的网站，而点击进入进行交易活动而受骗。此类行为既损害消费者的利益，也会损害商标注册人的商誉和商标专用权。为此，《若干解释》第 1 条第 3 款作出规定，将与他人注册商标相同或者相近似的文字注册为域名，并且通过该域名进行相关商品交易的电子商务，容易使相关公众产生误认的行为属于给他人注册商标专用权造成其他损害的行为。

第六节　商标侵权的法律责任

商标侵权的法律责任主要分为行政责任、民事责任和刑事责任。

一、行政责任

因侵犯注册商标专用权行为引起纠纷的，由当事人协商解决。不愿协商或者协商不成的，商标注册人或者利害关系人可以向人民法院起诉，也可以请求工商行政管理部门处理。

工商行政管理部门处理时，认定侵权行为成立的，责令立即停止侵权行为，没收、销毁侵权商品和主要用于制造侵权商品、伪造注册商标标识的工具，违法经营额五万元以上的，可以处违法经营额五倍以下的罚款，没有违法经营额或者违法经营额不足五万元的，可以处二十五万元以下的罚款。对五年内实施两次以上商标侵权行为或者有其他严重情节的，应当从重处罚。销售不知道是侵犯注册商标专用权的商品，能证明该商品是自己合法取得并说明提供者的，由工商行政管理部门责令停止销售。

对侵犯商标专用权的赔偿数额的争议，当事人可以请求进行处理的工商行政管理部门调解，也可以向人民法院起诉。经工商行政管理部门调解，当事人未达成协议或者调解书生效后不履行的，当事人可以再向人民法院起诉。

二、民事责任

民事责任指的是人民法院依照民事诉讼程序对侵犯注册商标专用权的行为所作的民事制裁。根据《民法通则》及《商标法》的相关规定，侵犯注册商标专用权行为的民事责任主要有停止侵害、排除妨碍、赔偿损失、消除影响。在实践中，停止侵害、赔偿损失和消除影响是侵权人应承担的主要责任类型。

（一）停止侵害

只要有侵权行为存在，无论是否造成商标权人的实际损失，商标权人均有权直接要求侵权人、诉请法院或请求工商行政管理部门责令侵权人立即停止侵权行为。

（1）直接要求侵权人停止侵害，通常是采用当面通知或邮寄侵权警告函的形式进行。这是较为常用、便捷的方式。

（2）通过法院请求侵权人停止侵害，是商标权人在起诉侵权人前或诉讼过程中，请求法院裁定或判令被告停止侵害。法院做出的决定具有司法强制性。

（3）通过工商行政管理机关要求侵权人停止侵害，是商标权人向工商行政管理机关进行投诉，由工商行政管理机关发出禁止令，责令侵权人停止侵害。

（二）赔偿损失

侵权行为与赔偿损失之间具有因果性。《商标法》第 63 条对赔偿数额的认定作出了具体的规定：侵犯商标专用权的赔偿数额，按照权利人因被侵权所受到的实际损失确定；实际损失难以确定的，可以按照侵权人因侵权所获得的利益确定；权利人的损失或者侵权人获得的利益难以确定的，参照该商标许可使用费的倍数合理确定。对恶意侵犯商标专用权，情节严重的，可以按照上述方法确定数额的一倍以上五倍以下确定赔偿数额。赔偿数额应当包括权利人为制止侵权行为所支付的合理开支。

权利人因被侵权所受到的实际损失、侵权人因侵权所获得的利益、注册商标许可使用费难以确定的，由人民法院根据侵权行为的情节判决给予五百万元以下的赔偿。

（三）消除影响

消除影响主要是在侵权行为影响的范围内，以公开的方式，在影响力较大的媒体上发布声明，并公开道歉以消除不良影响。如果侵权人拒不执行，法院可采取将判决主要内容和有关情况，通过登报等方式公之于众，费用由侵权人承担。

三、刑事责任

根据《商标法》第 61 条规定，对侵犯注册商标专用权的行为，工商行政管理部门有权依法查处；涉嫌犯罪的，应当及时移送司法机关依法处理。

（一）假冒注册商标罪

《商标法》第 67 条第 1 款规定，未经商标注册人许可，在同一种商品上使用与其注册商标相同的商标，构成犯罪的，除赔偿被侵权人的损失外，依法追究刑事责任。《刑法》第 213 条规定，未经注册商标所有人许可，在同一种商品、服务上使用与其注册商标相同的商标，情节严重的，处 3 年以下有期徒刑，并处或者单处罚金；情节特别严重的，处 3 年以上 10 年以下有期徒刑，并处罚金。

（二）伪造、擅自制造、销售非法制造的他人注册商标标识罪

《商标法》第 67 条第 2 款规定，伪造、擅自制造他人注册商标标识或者销售伪造、擅自制造的注册商标标识，构成犯罪的，除赔偿被侵权人的损失外，依法追究刑事责任。《刑法》第 215 条规定，伪造、擅自制造他人注册商标标识或者销售伪造、擅自制造的注册商标标识，情节严重的，处 3 年以下有期徒刑，并处或者单处罚金；情节特别严重的，处 3 年以上 10 年以下有期徒刑，并处罚金。

（三）销售假冒注册商标商品罪

《商标法》第 67 条第 3 款规定，销售明知是假冒注册商标的商品，构成犯罪的，除赔偿被侵权人的损失外，依法追究刑事责任。《刑法》第 214 条规定，销售明知是假冒注册商标的商品，违法所得数额较大的，处 3 年以下有期徒刑，并处或者单处罚金；违法所得数额巨大的，处 3 年以上 10 年以下有期徒刑，并处罚金。

第七节　驰名商标的认定与保护

驰名商标指的是在某一个国家或地区之内，商标所有人经过长期的投入使用，在市场上享有较高声誉并为相关领域公众所熟知的商标。

一、驰名商标的认定标准

驰名商标认定标准是确定一个商标是否驰名的关键。TRIPs 协议对驰名商标认定作了原则性规定：确认某商标为驰名商标时，应考虑相关公众的知晓程度，包括在该成员地域内因宣传该商标而使公众知晓的程度。至于对"相关公众"的内涵与外延、"公众知晓程度"的界定等，TRIPs 协议未作进一步规定，外国法律对其规定也不一致。依据《商标法》第 14 条和《驰名商标认定和保护规定》相关规定，驰名商标认定采用以下认定标准。

（1）相关公众对该商标的知晓程度。一般认为，"为相关公众所知晓"是指在一国的地域范围内被使用、销售、经营该商标的商品或服务的人们所知晓，即被经常消费该商品或服务的公众，或与该商标有正常联系的公众所知晓，而不是众所周知。我国认定驰名商标时的相关公众，包括与使用商标所标示的某类商品或者服务有关的消费者、生产前述商品或者提供服务的其他经营者以及经销渠道中所涉及的销售者和相关人员等。

（2）该商标使用的持续时间，包括最早使用及连续使用的时间。如"可口可乐""张小泉"等已使用几十年甚至上百年。

（3）该商标的任何宣传工作的持续时间、程度和地理范围，包含该商标的广告发布情况及促销程度。

（4）该商标作为驰名商标受保护的记录，如该商标在国内外的注册情况以及曾被认定为驰名商标等。

（5）该商标驰名的其他因素，包括商品的质量、销售量和销售区域等。

二、驰名商标的认定机构

（一）商标局

在审查商标注册、商标行政管理部门查处商标违法案件过程中，当事人依照《商标法》第 13 条规定主张权利的，商标局根据审查、处理案件的需要，可以对商标驰名情况作出认定。

（二）商标评审委员会

在商标争议处理过程中，当事人依照《商标法》第 13 条规定主张权利的，商标评审委员会根据处理案件的需要，可以对商标驰名情况作出认定。

（三）人民法院

在商标民事、行政案件审理过程中，当事人依照《商标法》第 13 条规定主张权利的，最高人民法院指定的人民法院根据审理案件的需要，可以对商标驰名情况作出认定。

三、认定方式及证据材料

（一）认定方式

我国驰名商标认定遵循个案认定，被动保护的原则，具体有两种认定方式：主动认定与被动认定。主动认定是指国家有关主管机关对当事人的商标是否驰名依职权认定，又称事前认定。被动认定是指应当事人的请求，由商标主管机关或司法部门依职权对商标是否驰名作出认定，又称事后认定。

（二）证据材料

当事人请求驰名商标保护应当遵循诚实信用原则，并对事实及所提交的证据材料的真实性负责。以下材料可以作为证明商标驰名的证据材料：

（1）证明相关公众对该商标知晓程度的有关材料。

（2）证明该商标使用持续时间的材料，如该商标使用、注册的历史和范围的材料。该商标为未注册商标的，应当提供证明其使用持续时间不少于 5 年的材料；该商标为注册商标的，应当提供证明其注册时间不少于 3 年或者持续使用时间不少于 5 年的材料。

（3）证明该商标的任何宣传工作的持续时间、程度和地理范围的材料。如近 3 年广告宣传和促销活动的方式、地域范围、宣传媒体的种类以及广告投放量等材料。

（4）证明该商标曾在中国或其他国家和地区作为驰名商标受保护的有关材料。

（5）证明该商标驰名的其他证据材料，包括使用该商标的主要商品近 3 年的产量、销售量、销售收入、利税、销售区域等有关材料。

四、驰名商标的保护

驰名商标因其知名度高、信誉好、影响范围广，有关的国际公约及各国对其提供了超过普通商标的保护，称为特殊保护，将驰名商标的保护范围扩大到驰名的服务商标以及将禁止权扩大到了不类似的商品或服务上。《商标法》第 13 条也明确地规定了对驰名商标提供以下特殊保护。

1. 对未在中国注册的驰名商标给予保护

《商标法》第 13 条第 2 款规定，就相同或者类似商品申请注册的商标是复制、摹仿或者翻译他人未在中国注册的驰名商标，容易导致混淆的，不予注册并禁止使用。

2. 扩大对注册的驰名商标的保护范围

《商标法》第 13 条第 3 款规定，就不相同或者不相类似商品申请注册的商标是复制、摹仿或者翻译他人已经在中国注册的驰名商标，误导公众，致使该驰名商标注册人的利益可能受到损害的，不予注册并禁止使用。

3. 驰名商标所有人享有特殊期限的排他权

《商标法》第 45 条第 1 款规定，已经注册的商标，违反《商标法》相关规定的，自商标注册之日起 5 年内，在先权利人或者利害关系人可以请求商标评审委员会宣告该注册商标无效。对恶意注册的，驰名商标所有人不受 5 年的时间限制。

4. 禁止将他人的驰名商标作为企业的名称使用

驰名商标权利人认为他人将其驰名商标作为企业名称登记，可能欺骗公众或者对公众造成误解的，可以向企业名称登记机关申请撤销该企业名称登记。驰名商标本质是对商标的一种保护，并不体现商品质量和品牌美誉度，不是荣誉称号。为防止对驰名商标的误读，误导消费者，破坏市场的公平竞争环境，《商标法》明确规定：生产、经营者不得将"驰名商标"字样用于商品、商品包装或容器上，或者用于广告宣传、展览以及其他商业活动中。

思考与延伸

1. 商标侵权行为的具体形式有哪些？

2. 如何认定驰名商标？

3. 光华公司自 2004 年起在其生产的汽水上使用"北极"商标；2010 年，飞悦公司也开始使用"北极"商标。2015 年 8 月，飞悦公司的"北极"商标经国家商标局核准注册，其核定使用的商品为饮料。2020 年 5 月，飞悦公司发现光华公司在饮料上使用"北极"商标，很容易引起消费者误认，因此甲、乙双方发生侵权纠纷。

根据案情请分析：

（1）光华、飞悦两个公司谁构成侵权？为什么？

（2）侵权行为始于何时？请说明理由。

（3）侵权方能否继续使用"北极"商标？请你提出可行性建议。

4. 案例分析：

某公司在行业会议上，其分管销售的负责人在发言时非常自豪，称所在公司非常重视知识产权：公司投入 20 万美元购买了香港的有效发明专利，购买时专利到期限届满还有 15 年，公司一次就缴纳了 5 年的专利年费，并且公司的产品商标用的是法国一家公司的（合理使用）。试分析：公司的行为有何不妥？

5. 案例分析：

关于"老干妈"。

"老干妈"商标侵权及不正当竞争纠纷案发生在 2016 年。2016 年 2 月贵阳老干妈公司发现北京家乐福公司慈云寺店销售标有"牛头牌老干妈味牛肉棒"的商品。该商品的包装在正面上部标有贵州永红公司所拥有的注册商标，中部却印有"老干妈"字样。贵阳老干妈公司因此认为贵州永红公司、北京家乐福公司侵犯其驰名商标专用权，遂诉至北京知识产权法院，请求法院判令贵州永红公司、北京家乐福公司立即停止侵权行为，并且赔偿贵阳老干妈公司经济损失 800 万元及案件诉讼合理开支 12.45 万元。

面对诉讼，贵州永红公司辩称该涉案商品包装使用"老干妈"字样是为了披露自己的牛肉棒商品是真实地添加了"老干妈"豆豉油的合理指示，主观上没有攀附驰名商标的意图，客观上也不会淡化"老干妈"商标的显著性和识别性。同时，贵州永红公司自认为与贵州老干妈公司分属于不同的行业、生产的也是不同的商品，不会对贵州老干妈公司原有的消费市场造成竞争与挤压，对老干妈字样的使用行为也不属于识别性的商标使用行为，不会造成消费者对商品来源产生混淆。

试分析：该案例存在商标侵权行为吗？所示，侵犯商标权应承担哪些后果？

参考文献

［1］文希凯. 专利法教程［M］. 北京：知识产权出版社，2011.

［2］李春华，董文晶. 知识产权法［M］. 北京：法律出版社，2014.

［3］刘春田. 知识产权法学［M］. 北京：高等教育出版社，2022.

［4］张楚. 知识产权法［M］. 北京：高等教育出版社，2014.

［5］李德山. 发明与实用新型专利申请代理［M］. 北京：知识产权出版社，2012.

［6］宋伟. 知识产权管理［M］. 合肥：中国科学技术大学出版社，2010.

［7］王洪友. 知识产权理论与实务［M］. 北京：知识产权出版社，2016.

［8］唐代盛，孟睿. 专利文件撰写［M］. 北京：知识产权出版社，2016.

［9］焦泉，王进. 知识产权概论［M］. 北京：人民邮电出版社，2010.

［10］杨廷文. 知识产权法原理与案例教程［M］. 成都：西南交通大学出版社，2012.

［11］何越峰. 专利法律知识分册［M］. 北京：知识产权出版社，2020.

［12］李超. 专利法律实务分册［M］. 北京：知识产权出版社，2020.

［13］吴观乐. 专利代理实务［M］. 北京：知识产权出版社，2015.

［14］周考文. 专利申请自己来［M］. 北京：化学工业出版社，2020.